図説
古代文字入門

大城道則・編著

河出書房新社

はじめに——文字と人間 ……… 6

1 ヒエログリフ——古代エジプト　　大城道則 ……… 11

2 楔形文字——古代メソポタミア　　山田重郎 ……… 18

3 アナトリア象形文字——古代トルコ　　高橋秀樹 ……… 27

4 線文字B——ミケーネ文明　　平野みか ……… 37

5 フェニキア文字——古代フェニキア　　青木真兵 ……… 43

6 エトルリア文字——古代イタリア　　比佐篤 ……… 50

7 メロエ文字——古代スーダン　　山下真里亜 ……… 58

8 古代南アラビア文字——アラビア半島　　蔀勇造 ……… 64

9 ティフィナグ文字——北アフリカ・サハラ　　石原忠佳 ……… 71

10 ルーン文字——北欧・ヴァイキング　　小澤実 ……… 79

11 ブラーフミー文字——古代インド　　森雅秀 ……… 86

12 甲骨文——中国　　角道亮介 ……… 94

13 マヤ文字——マヤ文明　　青山和夫 ……… 103

14 未解読文字の世界　　大城道則 ……… 113
インダス文字／ファイストスの円盤／線文字A／原エラム文字／
ワディ・エル＝ホル刻文／インカのキープ／ロンゴロンゴ

おわりに——文字と記憶 ……… 122

主要参考文献・図版出典文献 ……… 124

執筆者略歴 ……… 127

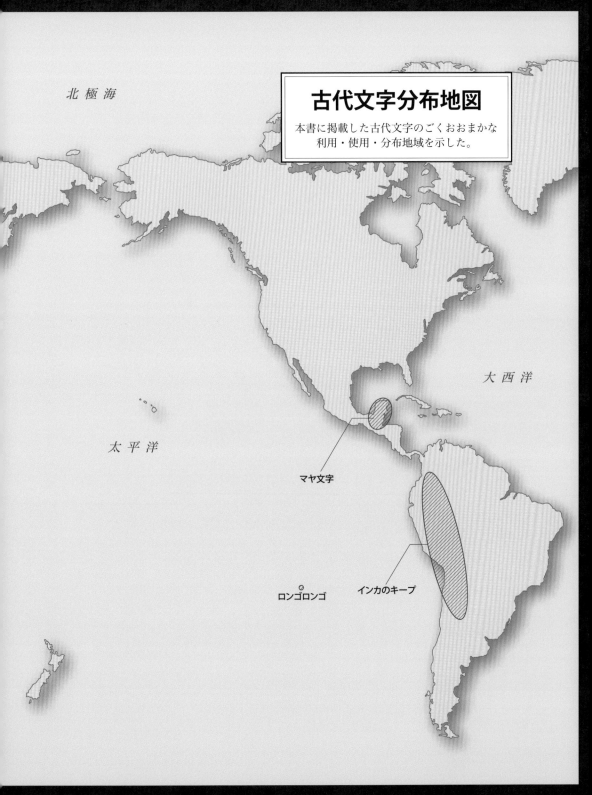

▶図1：ペルシア文字のカリグラフィー。13世紀の『コーラン』の一部

はじめに——文字と人間

大城道則

文字は我々を魅了してきた。中国や日本、あるいはイスラーム諸国では、芸術の域にまでたどり着くことさえあった。漢字を主とした書道のみならず、アラビア文字やペルシア文字のカリグラフィー（図1）教室も盛んである。しかしながら、本来文字が持っている機能とは、言葉を記録・記憶することであった。つまり、言葉を生み出す存在である神や王の声を忘れないように大事に書き留めることが最大の役割であったはずだ。そのため文字はそれ自体が聖なる意味を帯びることもあったのである。その一方で言葉による「伝言ゲーム」は、しばしば勘違いや誤解をもたらし、個人レヴェルの双方の仲違いに留まらず、国同士の戦争にまで発展する場合もあるのだ。あるいは民族的なバックグラウンドの違いが何の悪気もなく、思わぬ解釈の相違をもたらしてしまう場合もある。時にそれは取り返しのつかない悲劇をも生み出してしまうことがある。例えばAという部族の首長は、B族、C族、D族に同じ内容を伝えた・教えたのに、それら部族民たちは各自違う意味で理解し受け取ることもあるのだ。つまり受け手側の解釈が最終的なものであって、発信者の言うことは大きな意味を持たない可能性もある

▶図2：ハンムラビ法典

7

ということだ。そのような誤解を解決することができる手段が文字であった。文字にはそれを目にした他者への理解を促進する力があるのである。そしてそれは同時に、遠い過去の人々を理解するチャンスを我々現代人にも与えてくれているのだ。

　だからこそ歴史学者たちは、「文字＝史料・文献があってこそ人類の歩みを知ることができる」と主張し、一方で考古学者たちは、「文字以前の未熟な記号（原文字）からでさえも人類の痕跡を知ることができる」と主張するのである。立場は違えど、いずれの主張も正しいことは明白だ。我々人類の歴史を語る際には、常に「文字」が議論の中心軸に据えられるのである。ゆえに人々は、未解読の文字を誰よりも先んじて読もうとしのぎを削ったり、読めない場合でもそこに何らかの意味を読み取ろうと努力・工夫してきたのである。もし読むことができれば、誰よりも早くそれらを記した古代の人々について知ることができるからだ（もしかしたら秘宝のありかがわかるかもしれないし、聖なる力を身に着けることができるかもしれないのだ）。楔形文字が読めたからこそ、ハンムラビ法典（図2）がバビロン第1王朝における当時の刑法・復讐法（目には目を、歯には歯を）の内容について書かれていることを我々は知ることができるし、エジプトのヒエログリフが読めるからこそ、古代エジプト新王国時代のファラオであったトトメス4世の「夢の碑文」（図3）の内容（砂に埋もれたスフィンクスを掘り出せば将来王になれる）とその持つ意味を理解することができるのである。

　あるいは上述の2例とは異なり、それらは商人や役人たちが作成した経済文書かもしれないし、聖職者や書記たちが語り継いだ神話や物語かもしれないが、間違いなく現代人の我々が知らない未知の世界からもたらされた情報なのである。ただし文字は、ある程度周りの人々に周知されるような文法が確立し、定着するまでには時間を要したであろう。しかしながら、本書で最初に採り上げられている古代エジプトのヒエログリフが、1つの確立された言語としてエジプトで成立する直前の史料には、すでに「文字の原型」のようなものがチラホラと見られるのも事実だ。つまり当時の人々によって記録を残そうという試みは意識的になされていたようなのだ。その数百年後には明らかにエジプトで存在することとなるヒエログリフの文字列はまだそこにはなかったが、「文字の原型」のようなものは、古代エジプトを最初に統一したナルメル王に関する幾つかの考古遺物にともない記されていたのである。

　右に挙げた例は、いわゆる「ナルメル王の象牙製ラベル」に彫り込まれた図像（図4）である。その上部中央には、荒ぶるナマズの姿で表された棍棒を掲げたナルメル王が、向かって右側下方で逃げ惑う敵を討つ様子が描かれている。その敵の頭上にはナイル河のデルタ地域に多い水草であるパピルス草が3本置かれている。それらパピルス草は、敵が暮らしていた下エジプトあるいはナイル河のデルタ地域を象徴しているだけではなく、実はもう1つ文字としての意味を持っていた。古代エジプトでは数字の単位がこの頃には十分確立されており、パピルス草1本は1000を表す文字だったのである。つまりこの図像の持つ意味は、「ナルメル王が3000人の

▲図3:トトメス4世の「夢の碑文」(著者撮影)

敵を倒した。あるいは捕虜とした」と読み取れそうだということになる。このように図像とわずかな文字の意味を頼りに書き手の伝えようとした内容が読み取れる場合もあるのだ。

あるいはさらなる文字の発展を見ることができる史料として、ナルメル王から数えて3代目の王である「ジェル王の木製ラベル」(図5)が知られている。この木製ラベルは水平な線で3段に分かれている(図5)。一番上の段には後の時代に使用されたヒエログリフと同じ文字が少なくとも4つ見られるのである。向かって右上に並列している2つの文字のうち右側の(ネスウ)は、「王」を意味する文字であった。左側のパピルス草は、上述したように3000を意味する数字か、あるいはパピルスの生い茂る湿地帯のデルタ地域(下エジプト)を意味した。

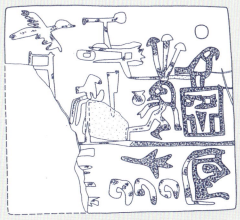

▲図4:ナルメル王の象牙製ラベル

中央に描かれた🐟(メス)は「生む」・「出産する」を意味する単語であった。向かって左側に立てられて描かれた🪵(テム)は「完成する」を意味する単語であったのである。古代エジプトにおける文字の発展は、聖なる王権に由来するものであった。神々の一員たる王の偉業を記録するために文字は用いられ始めたのである。

ならば他の地域ではどのように人々は文字と関わってきたのであろうか。いかなる衝動が「その人物」あるいは「その民族・部族」に文字を生み出させ、書かせたのであろうか。そして後世の人々はなぜそれほどまでに、古代人たちが記したものにこだわったのであろうか。それが知りたいのだ。文字とは間違いなく人間が記してきた記録であり、人間の行動の記憶なのである。だからこそそこが知りたいのだ。本書はその答えを我々に教えてくれる道標となるかもしれない。

▲図5：ジェル王の木製ラベル

ヒエログリフ 古代エジプト

大城道則

●ヒエログリフとは何か

　古代エジプトのヒエログリフは、「もの」の形に由来することが多いため、日本ではしばしば象形文字と紹介されてきた。しかし、古代エジプトではすでに紀元前3000年頃に、筆記システム（書き言葉）が十分に確立されていたことから、ヒエログリフは単なる象形文字というよりもむしろ一種のアルファベット、あるいは記号であったとみなす方が妥当であろう。例えばフクロウ の形の記号は、鳥のフクロウを意味するものではなく、Mの音を表し、角ヘビ の形の記号もまたFの音を意味するに過ぎず、単純に鳥のフクロウや爬虫類の角ヘビを意味するわけではないのである。ただ単に はMであり、 はFと読むだけなのだ。おそらくそこに深い意味はなく、現代のアルファベットと同じようなものと考えてよい。ヒエログリフは驚くべきことに、その始まりから非常に簡潔なものであったのだ（おそらく「話し言葉は記号化＝文字にできる」という考え方がメソポタミアからもたらされていたのであろう）。早い時期に一定のレヴェルで文字自体も文法も完成され、国家主導の筆記システムに組み込まれたことから、ヒエログリフの最大の特徴とは、長期間にわたり変化が少なかったことであると言えるであろう。

　最古のヒエログリフは、上エジプトの都市アビドスにある初期王朝時代（第1王朝と第2王朝）のウンム・エル＝カアブと呼ばれる王家の共同墓地から出土した特徴的な遺物である、いわゆるラベル（図1）に描かれたものだ。ウンム・エル＝カアブの王墓からは、王や王に準ずるような支配者階級の出現と彼らの埋葬にともなうパレスティナからの希少な輸入土器や副葬品を目にすることが

▲図1：アビドスのウンム・エル＝カアブ出土のラベル

▲図2：ヒエラティック

11

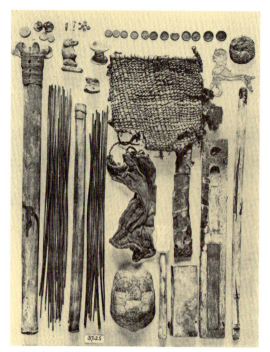
▲図3：書記の筆記用具

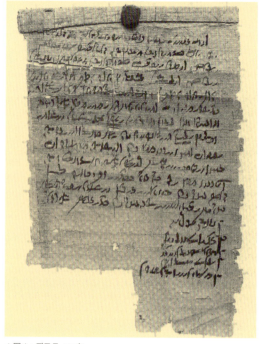
▲図4：デモティック

できる。そこからエジプト最古のヒエログリフが刻まれた象牙製、黒檀製、あるいは骨製のラベルが大量に出土しているのである。そしてヒエログリフの登場と呼応するように、この時期エジプト全土に影響力を持つ最初の強力な支配者＝王が出現しつつあったのである。ヒエログリフは単なる文字ではなく、コミュニケーション・ツールとして、古代エジプト王権の誕生を助長したとも言えるであろう。

そのヒエログリフを基に、初期王朝時代以降に使用された草書体文字のヒエラティック（図2）が誕生する。硬質の石だけにではなくパピルスやオストラカ（陶片）にインクとペン（図3）で記すのに適していたヒエラティックは、国政を担った書記たちによって主に使用された。そのヒエラティックから派生したのが、同じく草書体のデモティック（図4）であった。デモティックは第26王朝になると、ヒエラティックに代わり伝統を重視

する宗教文書を除く物語文学や実務的文章に主に使用されるようになる。プトレマイオス朝時代にはさらに使用が拡大したことから、ギリシア語に由来するデモティック（「民衆文字」）と呼ばれるようになったのである。デモティックのいくつかの記号は、エジプトのキリスト教徒たちが用いるコプト文字（図5）として現在にまで伝わっている。古代ローマ帝国統治時代に入ると、エジプトではデモティックに代わってギリシア語が行政文書や裁判文書などに使われるようになる（表記手段は上記のようにいくつかあったが、一方の話し言葉としての古代エジプト語は1つの言語として長期にわたり使用され続けた）。ヒエログリフはその後身たちと併用してエジプトで最も長く使用され続けた文字形態であったのである。

現時点で確認されている最も新しいヒエログリフは、紀元後394年8月24日にアスワンにあるフィラエ島のイシス神殿内にあるマンドゥリス神の

礼拝所の壁面（図6）に刻まれたヒエログリフである（同じ場所にある日付の部分はデモティックで記されている）。その壁の箇所はもともとハドリアヌスによって建造されたものであった。マンドゥリス神はヌビアで崇拝されていた神で、ハドリアヌスは言うまでもなく最も名前が知られた古代ローマ皇帝の1人である。古代エジプト文明の落日に相応しい異文化混沌の象徴のごとき場所に最後のヒエログリフは刻み込まれたのだ。数々の記録と記憶を残したヒエログリフの使用の終わりこそ、偉大なる古代エジプト文明の終焉を意味していると言えるのである。

解読の歴史

　ヒエログリフは、主に神々に捧げられた神殿や王のための葬祭記念物の壁面に刻まれた。それゆえヒエログリフという名称は、ギリシア語の「聖なる刻印」に由来するのである。そして積年とともに腐敗・崩壊が運命づけられている木造建造物とは異なり、ほぼ永久に残る石造建造物であったそれらに刻まれたことから、ヒエログリフは保存状態が極めて良好なまま現代にまで伝わったのだ。王朝時代に使用されたヒエログリフの個数は1000個未満であったが、ヒエログリフの筆記が神官たちに保護され、それぞれの神殿が独自のシステムを発展させたプトレマイオス朝時代およびローマ時代には、その数は7000個ほどに増加した。時代の経過とともにヒエログリフの体系は複雑化を極めたのである。

　しかし、高度に発展し洗練されたヒエログリフの筆記システムは、先述したように4世紀を境に忘れ去られていった。それでもヒエログリフは、「聖なる刻印」であると人々に認識されていたのである。そのことはヒエログリフと接する機会を得た人々が、それらを「古代エジプトの宇宙観を表した神秘記号である」とか、「古代エジプトの哲学者が普通の人々には理解不能である深遠な叡智

▲図5：コプト文字

▼図6：アスワンのフィラエ島にある最新のヒエログリフ碑文

▲図7：ラメセス2世のカルトゥーシュ（著者撮影）

を神殿やオベリスク上に刻んだ文字である」とか、「霊的な世界の文字」であると考えていたことからも明白であろう。ヒエログリフは神に由来するような神聖な記号であり、不可思議な絵文字であり、常人では理解不可能なステージに位置する存在と考えられ続けたのである。ヒエログリフを科学的な、あるいは学術的なレヴェルに引き込むにはまだまだ時間が必要であった。

最初の契機は17世紀に訪れた。当時ヨーロッパ世界最高の知識人の1人であったドイツのイエズス会司祭アタナシウス・キルヒャー（1601〜80年）が「コプト語は古代エジプト語の末裔である」と指摘したのである。キルヒャーがコプト語に造詣が深かったとはいえ、ヒエログリフ解読の鍵であるロゼッタ・ストーンやその他の解読に決定的な役割を果たす二言語併記の碑文資料を欠いた状況ではここまでが限界であった。しかしその後、彼の収集した史料がジャン・フランソワ・シャンポリオン（1790〜1832年）の手に渡っていることから考えても、ヒエログリフ解読に対してキルヒャーの果たした功績は大きい。彼以降にもヒエログリフ解読に向けて進展はあった。例えば決定詞の役割を持つ記号の存在やカルトゥーシュ（王名枠）（図7）が王名を示している点にフランス人東洋学者のジョゼフ・ドゥ・ギニュ（1721〜1800年）は気づいていたし、デンマークのゲオルク・ツォエガ（1755〜1809年）は、ヒエログリフがアルファベットであると指摘していたのである。そして時代は1799年のナポレオン軍によるロゼッタ・ストーン（図8）の発見により、新たな局面を迎えることとなる。英仏を代表する2人の天才を軸にして、国家の威信をかけた世紀の解読競争に突入したのだ。

ヒエログリフ、デモティック、ギリシア語の異なる3種類の文字で同じ内容の布告が刻まれた石碑であるロゼッタ・ストーンにより可能となったヒエログリフの解読は、1822年にシャンポリオンによって見事完成された。それは近代科学としてのエジプト学（エジプトロジー）の端緒となったのである。しかしながら、ヒエログリフの解読に関しては、フランス人のシャンポリオンよりもイギリス人のトマス・ヤング（1773〜1829年）の功績を評価する声もある。1829年に死去したこの人物は、ドイツのゲッティンゲン大学とイギリスのケンブリッジ大学で学んだ、医学、解剖学、機械工学、物理学に多大な才能を発揮した科学者であった。古今東西を問わない複数の言語を自在に操ったとされるシャンポリオンとはまったく経歴が異なっていた。ゆえに本来は交わることがないはずの2人であったが、「ヒエログリフ」という魅惑の存在がライヴァル国に暮らす2人の天才を同時に惹きつけたのは必然であったのかもしれない。

ただしヤングが最初に取り組んだのは、ヒエログリフではなく、ロゼッタ・ストーンの真中部分に記されていたデモティックであった。デモティックは、先述したようにヒエラティック由来の草書体であり、いくつかの記号はコプト文字として、現代にまで残ったことから、ヤングがヒエログリフではなく、最初にデモティックを解読しようと試

ヒエログリフ
デモティック
ギリシア文字

▲図8：ロゼッタ・ストーン

みたのは一見遠回りであるかのように思えるが、極めて適切であったといえよう。そしてヤングはロゼッタ・ストーンのデモティック部分の解読に成功したのだ。ギリシア語とデモティックの内容との比較から、ロゼッタ・ストーンの最上部に記されたヒエログリフも当然同じ内容だと推測できたのである。さらにヤングは、スウェーデンのヨハン・ダヴィッド・オケルブラッド（1763〜1819年）によって、ヒエログリフはアルファベットの要素を備えているかもしれないという指摘がなされていたことを踏まえていたことから、ヒエログリフの文字列のなかにアルファベットを読み取ることを試

15

ah	p	h	s	t	i	f	h	sh	ch
a	m	kh	k	d	u,w	r	kh	k	j
b	n	s	g	y	l				

▲図9：ヒエログリフの基本アルファベット表

みたのである。そしてその際に注目したのが、カルトゥーシュであった。現在カルトゥーシュは、古代エジプト王の名前を囲む楕円形の枠として知られているが、当時はまだその意味は明らかではなかった。ヤングはロゼッタ・ストーンのギリシア語で書かれた「プトレマイオス」の部分と比較して、カルトゥーシュのなかには王名が記されているはずだと推測したのである。1818年に友人に送った手紙には、彼が解読した36もの人名といくつかの単語が正確に書かれていた。しかし、ヒエログリフ解読の端緒を開いたこのイギリスの天才の心は、次第に古代エジプト文明から離れていった。世界にはヒエログリフよりも彼を魅了し彼の才能を必要としていた様々な問題が溢れていたのである。結果として、キルヒャーが種を蒔き、ヤングが水を注いだ大地の上に、ヤングより17歳年下のフランス人シャンポリオンが「エジプト学の父」という名声とともに、未解読文字ヒエログリフの「解読」という花を咲かせたのである。

•実際に読んでみよう•

ヒエログリフは縦書きでも横書きでも、右からでも左からでも記すことができた。そしてこれまで紹介してきたように石に刻むだけではなく、パピルスやオストラカの上にインクで書き易いようにヒエラティック、デモティック、あるいは筆記体のヒエログリフを用いる場合もあったのである。そのため書記にとっては筆記用具が必需品であった（図3）。

ではこれからヒエログリフ解読の先駆者たちと同じように、我々も最初に古代エジプト王の王名を表すカルトゥーシュに注目しながら、図9と図10のヒエログリフに関する表を参考にして、実際にヒエログリフを読んでみよう。以下のⒶのカルトゥーシュのなかに記された文字列には、誰もが知っている古代エジプト王の名前が書かれている。一方、ⒷのカルトゥーシュにはオオシロOHSHIRO（著者の苗字）が書かれている。

以上のように王名をはじめとする名詞は比較的簡単に読むことができるのだ（Ⓐの答えはクフ）。そして同時にヒエログリフは、アルファベット的要素が強いこともわかるのである。

しかし少し長い文章となると格段に難しくなる。ヒエログリフは子音だけを記し、語と語の間に句読点やスペースなしで書かれたからだ。その

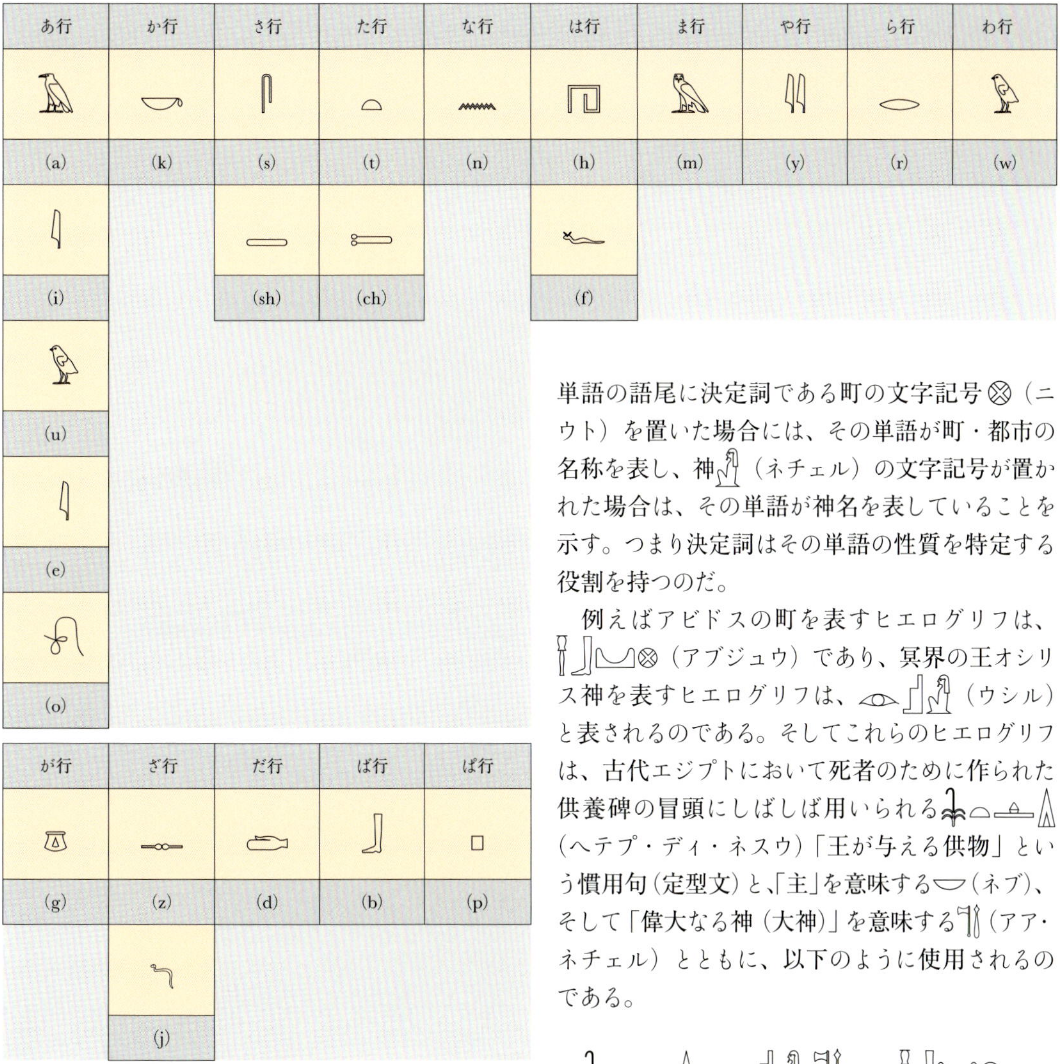

あ行	か行	さ行	た行	な行	は行	ま行	や行	ら行	わ行
(a)	(k)	(s)	(t)	(n)	(h)	(m)	(y)	(r)	(w)
(i)		(sh)	(ch)		(f)				
(u)									
(e)									
(o)									

が行	ざ行	だ行	ば行	ぱ行
(g)	(z)	(d)	(b)	(p)
	(j)			

▲図10：ヒエログリフの日本語五十音図

ため文章の始めと終わりを判別するには、ある程度のヒエログリフで書かれた単語に関する知識と経験、そして基本的な文法理解を要した。文字記号には3種類の基本系があった。すなわち、音を伝える表音文字（単子音、あるいは2つないし3つの子音の組み合わせ）、意味を伝える表意文字、そして先行する言葉に属する一般的概念や種類を表すための決定詞（決定詞は発音されない）である。

単語の語尾に決定詞である町の文字記号⊗（ニウト）を置いた場合には、その単語が町・都市の名称を表し、神の文字記号が置かれた場合は、その単語が神名を表していることを示す。つまり決定詞はその単語の性質を特定する役割を持つのだ。

例えばアビドスの町を表すヒエログリフは、（アブジュウ）であり、冥界の王オシリス神を表すヒエログリフは、（ウシル）と表されるのである。そしてこれらのヒエログリフは、古代エジプトにおいて死者のために作られた供養碑の冒頭にしばしば用いられる（ヘテプ・ディ・ネスウ）「王が与える供物」という慣用句（定型文）と、「主」を意味する（ネブ）、そして「偉大なる神（大神）」を意味する（アア・ネチェル）とともに、以下のように使用されるのである。

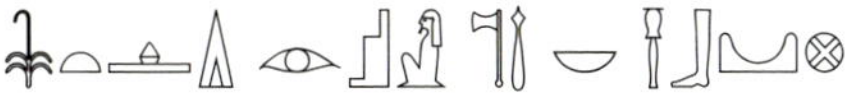

いくつかのヒエログリフで構成されたこの文章は、「偉大なる神であり、アビドスの主であるオシリス神に王が与える供物」という意味になる。ヒエログリフは、時代によって単語の意味や書き方に異なる部分や変遷はあるが、約3000年間使用され続けたことを考慮するならば、大きな変化はなく基本的なことは何も変わらなかったと言っても過言ではない。

2 楔形文字 〈古代メソポタミア〉

山田重郎

・楔形文字とは何か

　楔形文字の原型である原楔形文字（Proto-cuneiform）で書かれた一群の最古の粘土板文書群は、現在のイラク南部にあった古代都市ウルク（旧約聖書のエレク、現ワルカ）の遺丘中央で神殿跡から発見された（図1）。紀元前3200年頃に由来し、世界最古の文字とされるこの粘土板に書かれた文字システムは、メソポタミア南部において社会階層と職業分化をともなう大人口の複雑社会として都市が誕生すると同時に発明された。この文字システムの誕生に先立ってメソポタミアとその周辺では、物品・家畜の数量を勘定し、それを管理・記録するためにトークンと呼ばれる特定のモノを表す粘土製品や印章を用いた認証が知られていた（図2-1、2、3）。こうした先行する情報管理技術を発展させて発明された革命的な技術としての文字システムは、都市権力が食糧、物品、家畜、労働に関する大量の情報を正確に記録し、管理することを可能にした。メソポタミアにおいて、文字は都市の経済行政という実務的要請によって生まれたのである。

　ウルクで発明された、文字を粘土板に記す技術は、またたく間にメソ

ポタミア各地に広まり、数百年後には線文字だった文字の形状は、葦のペン先を楔形に連続して押し付けることで線画よりも効率よく書くことができる楔形文字に転じていった。文書を行政記録の手段に用いるメソポタミアの楔形文字粘土板文明は、紀元前3000年紀半ばにはメソポタミアの枠を超え、次第に西アジア全体に普及していった。

　ウルクで5000点程度発見された前3200〜前2900年頃の粘土板文書の文字システムには、約1200もの文字が用いられていたが、前2400年頃には文字数は800字ほどになり、さらに後には600字程度に減少していった。また、文字数減少と同時に、1つ1つの文字の形状はより画数の少ない簡潔なものに転じていった（図3）。文字数減少を促進した大きな要因は、文字システムの効率化である。最古の文字は1字1字がことごとく1つの語を表す表語（表意）文字であったが、やがて、文字は音節（表音）文字としても用いられるようになり、表語文字と音節文字を混ぜ合わせて用いる（漢字・仮名交じりの日本語の文字システムとも類似した）表語・音節文字（logo-syllabic）システムに転じていった。こうしたシステムで書かれた前2800年頃の楔形文字文書では、言語の音が明

▲◀図1：ウルク第Ⅳ層出土の最古の粘土板（ベルリン西南アジア博物館所蔵）

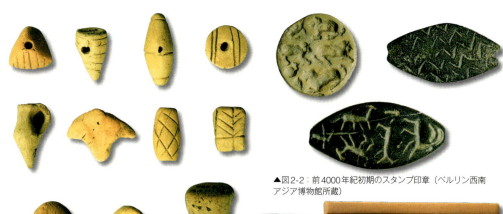

▲図2-2：前4000年紀初期のスタンプ印章（ベルリン西南アジア博物館所蔵）

▲図2-1：ウルク出土（前4000年紀末）のトークン（ベルリン西南アジア博物館所蔵）

▶図2-3：ウル第3王朝時代（前21世紀）の円筒印章（ベルリン西南アジア博物館所蔵）

ku̇ 食べる	šah 豚	mušen 鳥	gi 葦	sag 頭	kiri₆ 果樹園
gin/gub 行く、立つ	anše ロバ	gu₄ 雄牛	dug 壺	šu 手	gišimmar ナツメヤシ
še 大麦	ud 日	áb 雌牛	pú 井戸	a 水	ku₆ 魚

▲図3　字形の変遷

19

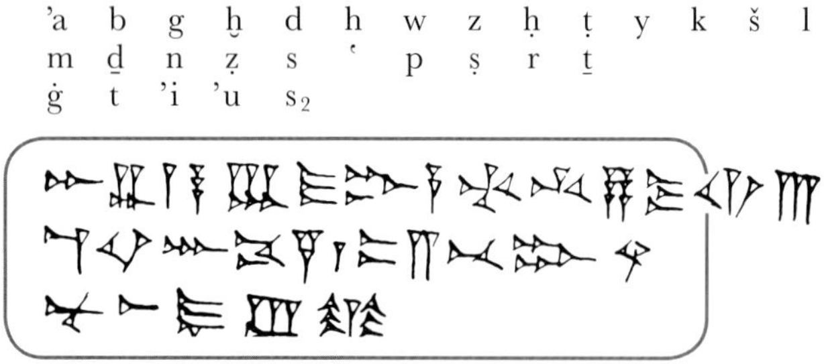

```
ʼa  b  g  ḫ  d  h  w  z  ḥ  ṭ  y  k  š  l
m  d  n  ẓ  s  ʻ  p  ṣ  r  ṯ
ġ  t  ʼi  ʼu  s₂
```

[ウガリト楔形文字アルファベットの画像]

▲図4：ウガリトの楔形文字アルファベットとその音価

確に表現されるため、書かれている言語がシュメル語（系統不明の膠着語）であることがわかる。ウルクで最古の文字が何語で読まれたかは厳密に言えば不明だが、シュメル語であった可能性は高いと思われる。

表音化により汎用性を増したメソポタミアの楔形文字システムは、東は現在のイランから西はトルコとエジプトに至る西アジアの広域で様々に応用され、シュメル語以外の言語（アッカド語、エブラ語、エラム語、ヒッタイト語、フリ語、ウラルトゥ語など）を書くために用いられていった。前13世紀には、東地中海沿岸（現シリア北部）の港町ウガリト（現ラス・シャムラ）の書記たちが、メソポタミアの楔形文字を用いてアッカド語で粘土板文書を作成するかたわら、自らの言語である西セム系言語ウガリト語を粘土板に記すために別系統の30字からなる楔形文字アルファベットを発明し、ウガリトに伝わる神話や叙事詩などを記した（図4）。さらに前6〜前4世紀のアケメネス朝ペルシアでは、行政文書がメソポタミアの文字システムによってエラム語で粘土板に書かれたが、王の事績等をイラン系言語である古代ペルシア語で石碑に記すために36の音節文字が新たに発明された。19世紀半ばにいち早く解読された楔形文字はこの古代ペルシア語文字であった（後述）。

したがって、「楔形文字」は、（1）シュメル語・アッカド語を記述するメソポタミアの表語・音節文字システム、（2）このメソポタミア系文字システムを自国語を書くために採用したメソポタミア以外の文字システム（エラム語、ヒッタイト語、フリ語、ウラルトゥ語など）、ならびに（3）まったく異なる楔形文字のセットからなるアルファベット・音節文字（ウガリト語、古代ペルシア語）に大別され、これら種々の文字体系に属する楔形の字画を持つすべての文字（群）が楔形文字（cuneiform［英］、Keilschrift［独］）と呼ばれる。

楔形文字文書は、主として粘土板に書かれたため、パピルス、羊皮紙、竹簡等のように焼失したり、朽ちたりして失われることがない。この耐久性ゆえに、イラク、シリア、トルコを中心に西アジア各地の遺跡から大量（推定で約50万点）の楔形文字文書が発見されてきた。また、楔形文字はメソポタミアを中心に前3200年から紀元後1世紀までという極めて長い期間、継続して使用され、文書の種類も行政経済文書、契約文書、誓約（条約）文書、法文書、書簡、儀礼・祈禱・卜占等の宗教文書、神話・叙事詩・説話・格言等の文学文書、王や有力者による建築事業・戦勝・神々への献呈を記念する王碑文、王名表・年代誌等の歴史文書、天文観測・数学・医学・薬学・言語学に関連する一種の科学文書など、多岐にわたっている。そのため、古代西アジアの歴史と文化は、その年代的な古さにもかかわらず、比類のない大量の文字資料によって、研究されてきた。

●解読の歴史●

欧米の研究者たちが、最初に解読に成功した楔形文字は、古代ペルシア語の音節文字だった。17世紀からヨーロッパの外交使節団や商人が盛んにイラン（サファビー朝）を訪れていたこともあって、古代（アケメネス朝）ペルシアの王都ペルセポリス（ペルシア語のタフテ・ジャムシード）等の碑文は早くから注目され、1772年にはドイツ人カールステン・ニーブール（1733〜1815年）

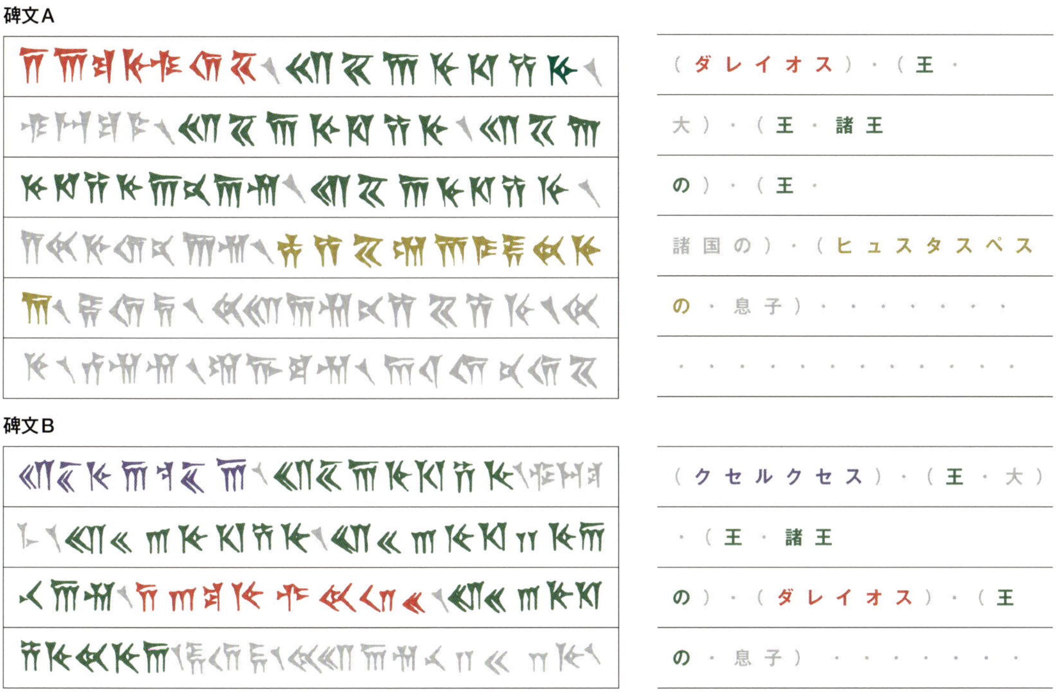

碑文A

<!-- 碑文Aの楔形文字画像 -->

（ダレイオス）・（王・
大）・（王・諸王
の）・（王・
諸国の）・（ヒュスタスペス
の・息子）・

碑文B

<!-- 碑文Bの楔形文字画像 -->

（クセルクセス）・（王・大）
・（王・諸王
の）・（ダレイオス）・（王
の・息子）

▲図5：グローテフェントの解読に用いられた2つの碑文。碑文Aは「ダレイオス、大王、諸王の王、諸国の王、ヒュスタスペスの息子、アケメネス家、この宮殿の建立者」、碑文Bは「クセルクセス、大王、諸王の王、ダレイオス王の息子、アケメネス家」と読まれる

　がペルセポリスの楔形文字テキストを筆写し出版した。ニーブールがペルセポリスの碑文にみとめた3種類の異なる楔形文字システムは、印欧語である古代ペルシア語、スーサを中心に古くからメソポタミア系楔形文字で書かれていたエラム語、ならびにメソポタミアの主要言語アッカド語（バビロニア方言）を記したものであることが後に明らかになる。

　古代ペルシア語の解読者として歴史に名を残したのは、ドイツの数学者ゲオルク・グローテフェント（1775〜1853年）である。グローテフェントは、ニーブールが筆写した2点の碑文（図5）を選び、古代ペルシア語の文書であると推定し、両方に共通して現れる文字列に注目した。彼は、2つの碑文をササン朝ペルシア時代（後224〜651年）の中世ペルシア語文書に現れる王たちの称号と比較しながら、1つの碑文（碑文A）には「A（王名）、大王、……、B（人名）の息子」と書かれ、もう1つの碑文（碑文B）には「C（王名）、大王、……、A（王名）王の息子」と書かれていると考えた。さらに、ギリシア語史料との比較から、父親が王でないAはダレイオス（ギリシア語読み）であり、Bは父ヒュスタスペス、そしてCはダレイオスの子クセルクセスであると正しく推測した。これに、アヴェスタに現れる人名の音に基づいて、それらの人名を綴っていると思われる文字列を構成する文字の音を以下のように推定した。

	ダレイオス	クセルクセス	ヒュスタスペス
グローテフェントの読み	darheuš	xšharša	goštasp
古代ペルシア語の正確な音	dārayavauš	xšyarša	vištāspa

　さらに繰り返し言及される文字列が「王」という語（現代ペルシア語のšāhの古形xšāyaθiya）で

▲図6：ベヒストゥーンのダレイオス1世の戦勝記念磨崖碑

あることを見抜いて、xšehioh（正確な音はxšāyaθiya）と読むと考え、合計13文字の音価を推定した。そのうち4つは誤りだったが、9つは的中していた。グローテフェントによるこの天才的な試みをきっかけに、複数の研究者が、さらに長い碑文を検討して研究をすすめ、1つ1つの文字の音価を確定していった。そうして、古代ペルシア語の最終的な解読者ともいうべき業績を残したのがイギリス人ヘンリー・ローリンソン（1810～95年）である。軍人・外交官としてイランのケルマンシャーに赴任したローリンソンは、ケルマンシャーの東30kmほどにあるベヒストゥーンで高所に彫られた磨崖碑の3言語（古代ペルシア語、エラム語、アッカド語バビロニア方言）の碑文（図6）を、危険を冒して自ら写し取って研究し、1846年には、その古代ペルシア語テキストのほぼ完全な翻訳を出版した。

古代ペルシア語の解読を受けて、研究者たちの関心は、最も文字数の多い複雑な文字システムの解明に移り、その言語（後にアッカド語と判明）はアラビア語、ヘブライ語などと同族のセム系言語であり、文字は基本的に音節文字であると推定するに至った。この頃、メソポタミア北部では、コルサバド（古代のドゥル・シャルキン）、ニムルド（カルフ）、クユンジク（ニネヴェ）など新アッシリア帝国（前9～前7世紀）の主要都市の遺構が次々に発掘され、多数の粘土板文書と王の記念碑文が刻まれた各種の粘土製品や石板が大量に発見されて、これらの新史料がベヒストゥーン碑文とともに研究された。研究者たちの努力により、600字にも及ぶ表語・音節文字で書かれたアッカド語の楔形文字文書は次第に解読された。複数の文字が同じ音を持つ（同音異字）1つの文字に複数の読み方がある（一字複音）この文字システムは、音訓読みと仮名を含む日本語の文字体系と似た点が少なくない。しかし、そのような文字体系で正確に言語を記述しうると信じられない人々は、解読の成果を疑問視し続けた。

◀▲図7左：ティグラト・ピレセル1世の八角柱碑文（大英博物館蔵）。右：その写し（一部）

　そうしたなか、イギリスの数学者・考古学者フォックス・タルボット（1800〜1877年）の提唱を受け、イギリス王立アジア協会は、ローリンソンによって公刊されることになっていたカラット・シェルカト（古代のアッシュル）出土のアッシリア王ティグラト・ピレセル1世（在位前1114〜前1076年）の八角柱碑文（図7）を手写した楔形文字テキストを、すでにこれを研究していたローリンソンとタルボットに加え、アイルランドのエドワード・ヒンクス（1792〜1866年）とフランスのジュール・オッペール（1825〜1905年）に厳封のうえ送付して翻訳を依頼し、4人の翻訳が一致するかどうかを検分する企画を実現した。1857年5月25日に、4人の研究者から届けられた封筒が5人の審査委員の前で開封された。検分の結果、4人の訳はおおむね一致していることが確認され、アッカド語の楔形文字の解読は成功していると判定された。

　その後、アッカド語と一緒に別の言語が書かれた二言語文書の存在などから、アッカド語の文字システムは、さらに古いシュメル語の文字システムから借用されたと推測された。そして、1877年のフランス隊のテッロー（古代のギルス）発掘を皮切りに、シュメル初期王朝期（前26〜前24世紀頃）やウル第3王朝期（前2112〜前2004年頃）のシュメル語文書が南メソポタミア各地で発見され、その解読も急速に進展した。またシュメル語・アッカド語文字システムを借用して書かれたエブ

23

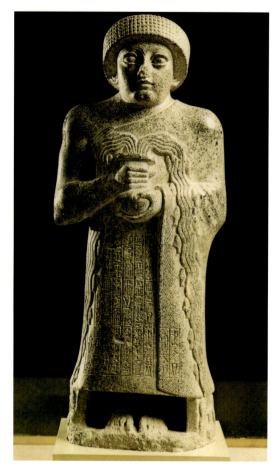
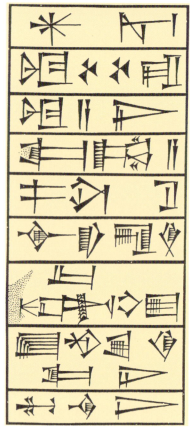

◀図8：グデアの立像（ルーヴル美術館所蔵）
▲図9：グデアの建築記念碑文

ラ語（セム系）、エラム語（系統不明）、ヒッタイト語（印欧系）、フリ語とウラルトゥ語（コーカサス系）など別系統の諸言語の楔形文字文書、ならびに楔形文字アルファベットで書かれたウガリト語（セム系）などが、発見とともに次々に研究され、解読の精度は様々だが、おおむね理解できるようになって今日に至っている。

●実際に読んでみよう

以下では、シュメル都市国家ラガシュの支配者グデアの建築記念碑文（シュメル語）と、ハンムラビ法典の法規部分の第6条（アッカド語）を読む。文法等の詳細を深く解説する紙幅はないが、メソポタミアの楔形文字システムがどのような文字体系であるかは感じ取っていただけると思う。シュメル語もアッカド語も基本的な語順は、「主語－述語－動詞」である。

「翻字」は文字の音価や役割を1字ずつラテン文字で表したもの、「音訳」は原語の音を単語ごとに再現したものである。楔形文字学（アッシリア学）の慣行では、言語系統不明で比較言語学的データが不十分なシュメル語では、通常アッカド語に対して行われるような完全な音訳は試みられない。ここでは、シュメル語は立体、アッカド語は斜字体（音節文字）と立体・大文字（表語文字［シ

24 楔形文字 古代メソポタミア

ュメル語の音〕) でラテン文字に翻字する学術的慣行に従う。母音にしばしば付けられたアクセント記号や下付番号 (é, dù, du₁₀ など) は、同音の文字が複数あるときにどの文字であるかを明示するために付けられた記号。

1. グデアの建築記念碑文 (シュメル語) (K. Volk, *A Samerian Reader*, Rome, 1999, no.6)

グデアは前22世紀頃のラガシュの支配者 (エンシ [ensi]) であった。グデアには、文学性が高い複数の長文の建築記念碑文と30点近い座像・立像 (図8) が知られている。ここでは、複数の粘土製コーン (建築材) に同文が書かれた短い碑文を読む (図9)。

(翻字)

(1) ᵈinanna (2) nin-kur-kur-ra (3) nin-a-ni (4) gù-dé-a (5) énsi (6) lagaš.KI (7) ur ᵈgá-tùm-du₁₀-ke₄ (8) é-an-na gír-su.KI-ka-ni (9) mu-na-dù

(翻訳)

「全地の (女) 主人にして彼の (女) 主人たるイナンナ女神のため、ラガシュの支配者 (エンシ) にしてガトゥムドゥ女神の勇士たるグデアはギルス市の彼女 (イナンナ女神) のエアンナ神殿を建てた。」

(注)

ᵈinanna : ᵈ (神を表す限定詞) +inanna「イナンナ女神」(性愛、戦闘、豊穣の女神の名)

nin「(女) 主人」

kur-kur-ra : kur-kur (kur「地」の複数形) +a(k) (後置詞・属格)

nin-ani : nin「(女) 主人」+ani「彼の」(接尾人称代名詞・属格三人称単数)

gù-dé-a「グデア」(王名、「(神に) 呼ばれた者」の意)

énsi「支配者 (エンシ)」(都市支配者の称号)

lagaš.KI : lagaš (都市名) +KI (地名を表す限定詞)

◀図10：ハンムラビ法典碑 (ルーヴル美術館所蔵)。上部の浮き彫りには、太陽神シャマシュとみられる神 (右) の前に立つハンムラビの姿が描かれており、その下に縦書きに序文、法規集成、跋文からなる碑文が記されている。

ur「男、勇士」

ᵈgá-tùm-du₁₀-ke₄ : ᵈ (神を表す限定詞) + gatumdu (「ガトゥムドゥ (ラガシュの母神)」) + (a)k (後置詞・属格) +-e (能格語尾 [他動詞の主語を示す])

é-an-na「エアンナ (イナンナ女神の神殿の名、「天の家」の意)」: é「家」+an「天」+a (k) (後置詞・属格)

gír-su.KI-ka-ni : girsu (都市名) +KI (地名を表す限定詞) + (a) k (後置詞・属格) +ani (接尾人称代名詞、属格三人称単数)

mu-na-dù : mu (活用接頭辞) + na (格接頭辞・与格三人称) +dù (動詞語幹「建てる」)

25

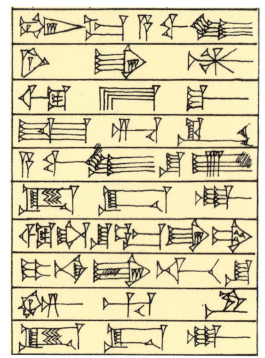

▲図11:「ハンムラビ法典」第6条

2.「ハンムラビ法典」第6条
（アッカド語古バビロニア方言）
（E. Bergmann, *Codex Hammurabi*, 1953, 4）

ハンムラビ（在位前1792～前1750年）は、バビロン第1王朝第6代の王で、その治世後半にメソポタミア全土にバビロニア王国の覇権を確立した。ハンムラビ法典を刻んだハンムラビ法典碑は、バビロニアから略奪され、エラム王国の王都スーサ（現イラン南西部フーゼスタン）から発見されている（ルーヴル美術館所蔵）（図10）。法典碑では、テキストは（図11に示した碑文のコピーを90度時計回りに回転したかたちに）上から下にむけて書かれている。この時代の粘土板文書は通常、左から右に書かれており、ハンムラビ法典碑の書字方法は、擬古的なスタイルと考えられる。法典碑のテキストは、前1000年紀に至るまで種々の粘土板に写されて残存しており、「ハンムラビ法典」がメソポタミアの識字サークルで古典的作品となったことがわかる。

（翻字）
(1) *šum-ma a-wi-lum* (2) NÍG.GA DINGIR (3) *ù* É.GAL (4) *iš-ri-iq* (5) *a-wi-lum šu-ú* (6) *id-da-ak* (7) *ù ša šu-úr-qá-am* (8) *i-na qá-ti-šu* (9) *im-hu-ru* (10) *id-da-ak*

（音訳）
šumma awīlum makkūr ilim ū ēkallim išriq awīlum šū iddâk u ša šurqam ina qātišu imhuru iddâk

（翻訳）
「もしある人が神（殿）あるいは王宮の財産を盗んだなら、その人は殺されなければならない。また、彼の手から盗品を受け取った人も殺されなければならない。」

（注）
šumma「もし」（接続詞）
awīlum「人」（主格）
makkūr（NÍG.GA）「財産」（結語形）
ilim（DINGIR）「神」（属格、makkūrに懸る）
ū「あるいは」（接続詞）
ēkallim（É.GAL）「王宮」（属格、makkūrに懸る）
išriq「盗んだ」（動詞šarāqum G語幹・過去形・三人称単数）
šū「その」（指示代名詞・主格・三人称男性単数、awīlumに懸る）
iddâk「殺される」（動詞dâkum N語幹［受動］・現在形・三人称単数）
u「そして、また」（接続詞）
ša「～の（人）」（関係代名詞）
šurqam「盗まれたもの」（対格）
ina「～に、で、から」（前置詞、属格支配）
qātišu : qāti「手」（結語形・属格）+šu「彼の」（接尾代名詞・属格・三人称男性単数）
imhuru : imhur「受け取った」（動詞mahārum G語幹・過去形・三人称単数）+u（接続辞［šaの作る関係節に属することを示す］）

3 アナトリア象形文字 　古代トルコ　　　　髙橋秀樹

•アナトリア象形文字とは何か•

　現在のトルコのアジア領を構成する地域（古名アナトリア）で紀元前2000年紀に生まれ、700年もの間使われ続けながら、紀元前7世紀にアルファベットとの競争に敗れ、ひっそりと消えていった謎の絵文字——それがアナトリア象形文字である。

　古代におけるアナトリアには、非常に古いインド・ヨーロッパ語族の人々が住まっており、いくつかの言語に分かれ、いくつかの国々を営んでいた（図1）。また、インド・ヨーロッパ語族以外の人々も住んでいて、互いに競合していた。これらの人々は、より古い時代には、南方の先進地域で栄えていたメソポタミア文明から楔形文字を採り入れて用いていた（ヒッタイト語、パラー語、ルウィ語

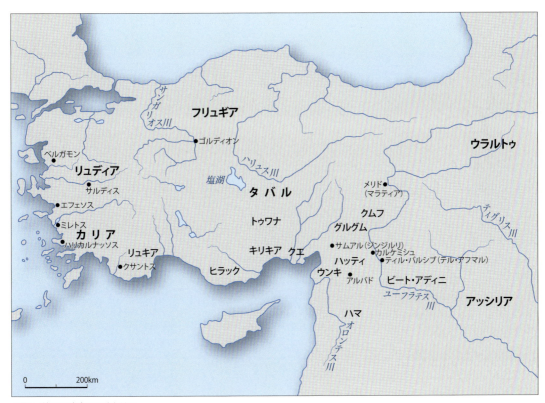

▲図1　前1000年紀のアナトリア。

ADORARE 崇拝する		BONUS よい		CUBITUM 肘		FINES 境界			
AEDIFICARE 建てる		BONUS₂ よい		CULTER 小刀		FLAMMAE 炎(?)			
AEDIFICIUM 建築物		BOS 牛		CUM 〜とともに		FLUMEN 川			
ALA 羽、翼		BRACCHIUM 腕		CURRUS 乗り物		FONS 泉			
AMPLECTI 抱く		CAELUM 空、天		DARE 与える		FORTIS 強い			
ANIMAL 動物		CANIS 犬		DECEM 10		FRATER 兄弟		see INFANS	
ANNUS 年		CAPERE 取る		DELERE 消す		FRONS 顔、前面			
AQUA 水	see FLMEN	CAPERE₂ 取る		DEUS 神		FULGUR ひらめき			
AQUILA 鷲		CAPERE SCALPRUM 取る+小刀		DIES 日		FUSUS 紡錘			
ARGENTUM 銀		CAPUT 頭		DOMINA 女主人		GAZELLA ガゼル			
ASCIA 斧		CAPUT SCALPRUM 頭+小刀		DOMINUS 主人		GRYLLUS バッタ			
ASINUS 驢馬		CASTRUM 砦		DOMUS 家		HEROS 半神			
ASINUS₂ 驢馬		CENTUM 100		DOMUS +SCALA 家+階段		HORDEUM 大麦			
AUDIRE 聞く		CERVUS 鹿		EDERE 食べる		INFANS 子供			
AVIS 鳥		CERVUS₂ 鹿		EGO 私		INFRA 下に			
AVIS₂ 鳥		CONTRACTUS 契約した		EQUUS 馬		IUDEX, IUSTITIA 統治者、正義			
AVIS₃ 鳥		CORNU 角		EUNUCHUS 宦官		IRA 怒		see LIS	
AVUS 祖父		CRUS 脚		EXERCITUS 兵団、軍隊		LAPIS 石			
BESTIA 獣		CRUS₂ 脚		FEMINA 女		LECTUS 寝台			
BIBERE 飲む		CRUX 十字架		FILIA 娘		LEPUS 兎			

▲図2：アナトリア象形文字/表意文字の日本語対応表1

28 アナトリア象形文字 古代トルコ

LIBARE 味わう		MONS 山		POST 〜の後ろに		STATUA 彫像		
LIGARE 結ぶ		MORI 死ぬ		PRAE 〜の前に		STELE 石板、碑		
LIGNUM 木		NEG₂ 〜ない		PUGNUS 握りこぶし		SUB 〜の下で		see INFRA
LINGERE 舐める		NEG₃ 〜ない		PUGNUS 握りこぶし	see LIGARE	SUPER 〜の上で		
LINGUA 言葉		NEPOS 孫		PURUS 清い		TERRA 土地		
LIS 口論、争い		OCCIDENS 西		REGINA 女王	see MAGNUS DOMINA	THRONUS 玉座		see MENSA
LITUUS 曲がった杖		OCULUS 目		REGIO 地方、地域		THRONUS₂ 玉座		
LOCUS 場所	see TERRA	OMNIS すべて		REL (関係代名詞)		TONITRUS₂ 雷鳴、雷		
LONGUS 長い		ORIENS 東		REX 王		UNUS 1		
LOQUI 話す		OVIS 羊		SACERDOS 神官		URBS 町		
LUNA 月		PANIS パン		SCALPRUM 小刀		URCEUS 壺		
MAGNUS 偉大な		PES 足		SCRIBA 書記		VACUUS 空の		
MALLEUS 槌		PES, SCALA, ROTAE 足+階段+車輪		SCUTELLA 酒杯		VAS 器、壺		
MALUS 悪		PES₂ 足		SCUTUM 盾		VERSUS 〜へ向かって		
MALUS₂ 悪		PISCIS 魚		SERVUS 奴隷		VIA 道		
MANUS 手		PITHOS 壺		SIGILLUM 像、印		VIR 男		
MATER 母	see FEMINA	POCULUM 杯		SOL 太陽		VIR₂ 男		
MENSA 机		PODIUM 高台		SOL₂ 太陽		VITELLUS 子牛		
MILLE 1000		PONERE 置く		SOLIUM 座		VITIS ブドウづる		
MINUS 少ない		PORTA 門		SPHINX スフィンクス				

▲図3：アナトリア象形文字/表意文字の日本語対応表2

29

𒀀	a	𒁹	i		u		a+ra/i, ra+a
	á						i+ra/i, ri+i
	ha		hi		hu		la+ra/i+a
	há						tara/i
	ka		ki		ku		ara/i
	la		li				hara/i
					la/i/u		kar
	ma		mi		mu		IUDEX+ra/i
	na		ni		nu		pari
			ní		nú		
	pa		pi		pu		
	ra/i				ru		
	sa		si		su		
	sá						
	sà						
	sa_4						
	sa_5						
	ta		ti		tu		
	tá						
	tà						
	ta_4						
	ta_5						
	wa/i						
	ia						
	za		zi		zu?		
	kwi/a						
	hwi/a*						

▲図4：アナトリア象形文字/表音文字の発音表1

		 𓏤𓏤	í		
 🗒	ha_X			🏺	hú
		👞	lì□K,T□		
		⊗	lì□K□		
⬭	má□K□	◇	mí		
 ⚱	mà□S□	⁀⁀	mì□K?□		
 ⚱	ná	 🦴	ní_X		
				 🌿	rú□K?□
⸢	sa_6□T,S□	 🌾	sì□T□	⌒	sú
 ⊠	sa_7□T,S□			 🗡	sù
│	sa_8				
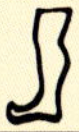 👣	ta_6	🌱	tí	🏛	tù
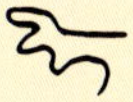 ⌇	ta_X□T□			 ⛰	tu_4□K□
 ⁂	wá/í□K□				
🪶	wà/í□K□				
 🔖	iá				
⌒	ià□K□				
🎭	zá	⚱	zí		
 ⚱	zà	 ⚱	zì		
 🏺	za_X				
 🐺	za_X	 🐦	zi_4		

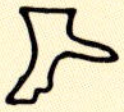

▲図5：アナトリア象形文字/表音文字の発音表2

31

を話す人々）。そして、紀元前7世紀以降は、西方のギリシア・アルファベットを改変して自らの言語を記す人々も出てきた（リュキア語、ミリア語、リュディア語を話す人々）。しかし、それらとはまた別に、非常に象形性の豊かな独自の文字体系を使う人々もいたのである。

いくつか例を見てみよう。は人が自分の顔に手を向けている様子であることがよくわかるが、「私」という意味の文字である。は、人の口から舌が飛び出ているが、「話す」という意味の文字である。また は、「門」を表す文字である。これらは、いわば漢字のように、1文字で何らかの1つの意味を表す例である（表意文字・図2・3）。

他方、いわば平仮名や片仮名のように、1文字で1つの音を表す使い方もあった（表音文字・図4・5）。例えば は、「足」という意味を表し、tiと発音される文字なのだけれども、「足」という意味と全く関係なくtiという音を表すためだけに用いられることも多かった。

意味を表すために記しているのか、音を表すために記しているのかはっきりさせるため、意味を表す文字の下に の記号を添える場合もあった（必ず付くわけではない）。

•解読の歴史

さて、古代のアナトリアというと、ヒッタイト王国が最もよく知られており、その最盛期にはほぼアナトリア全域で力を振るっていたから、19世紀にこの文字体系が発見されてから長い間、ヒッタイト語を記しているのだろうと考えられてきた。そのため、1960年代までは「ヒッタイト象形文字」と呼ばれていて、当時の代表的な研究としてはE・ラローシュのものが有名であり、文字分類の番号については今なお彼の研究を土台としている。だが、これらの文字のいくつかは、確かにヒッタイト王国が栄えていた頃に使われていた形跡はあるものの、実際には記号のような使われ方であっ

て、ヒッタイト語の文を表しているのかどうかははっきりしなかった。それに、そもそもヒッタイト人は巧みに楔形文字を利用して膨大な資料を遺した人々だった。

やがて研究が進んできて、1973年にJ・D・ホーキンス、A・モルプルゴ・デイヴィス、G・ノイマンらが、この象形文字によって文や文章がはっきりと記録されているのは、ルウィ語の仲間であるとつきとめた。ルウィ語というのは、ヒッタイト王国が栄えていたのと同じ頃、そしてヒッタイト王国が滅亡した後にもアナトリアで話されていた言語の1つで、インド・ヨーロッパ語族に属しており、ヒッタイト語と近い関係にあるものの、別個の言語である。そこで、この文字を「ルウィ象形文字」と呼ぶようになった。

だが、さらにその後、フルリ語を表すためにも用いられていたらしいと考えられるようにもなってきた。フルリ語は、インド・ヨーロッパ語族には属さない言語で、ウラルトゥ語と関係の深い別の語族を成している。だから、インド・ヨーロッパ語族の中で用いられた象形文字ということさえできなくなった。結局、現在は、地域名を付してアナトリア象形文字というのが無難なところなのである。

さて、解読の紆余曲折はこれくらいにして、次に実際にアナトリア象形文字で記された碑文を読んでみることにしよう。

•実際に読んでみよう

図6で示したのは、紀元前11～前10世紀頃に建てられた石碑であり、ユーフラテス河畔の町カルケミシュの王と近隣の国との戦いを記したものである。現在、トルコのアンカラにあるアナトリア文明博物館に所蔵されている。記載言語は象形文字ルウィ語である。

文字は動物などの頭が向いている方を前方と見て読んでいく。だから一番上の欄は右から左に読

▲▶図6：左・カルケミシュ王の戦いを記した石碑。右・碑文の写し

▲図7：石碑／第1欄

むが、次の欄は左から右へと読み、3番目の欄は右から左へ、4番目の欄は左から右に読んでいく。つまり、1欄読み終えて次の欄に移るとき、わざわざ目を欄の逆の端に走らせる必要がなく、読み終えた欄の端からすぐ下に目を移し、逆方向へ読んでいくことができる。このような記し方を、ブーストロフェドン（牛耕式）というが、古代ギリシア語の一部でも用いられていた方法である。

では第1欄（図7）を読んでみよう。中央より向かって左よりに動物の頭を表すらしき文字が見え、右を向いているから、この欄は右から左に読む行である。なお、文字の後に括弧で示す数字は、参考文献に示したHawkinsの大著に掲載されている文字分類番号である。

冒頭、つまり一番右端の は1つの文字のように見えるが、 (363)「偉大な」という表意文字と、 (17)「王」という表意文字を組み合わせたものであり、「偉大なる王、大王」という意味になる。

は、次にくる文字が人名を表していることを示している。 は既に見たように「偉大」という意味でルウィ語ではuraと発音し、次の

(199) は「雷鳴、雷」という意味の表意文字である。だから、「偉大なる雷」という意味を持つ名前の王だということになるが、「雷」についてちょっと説明する必要がある。インド・ヨーロッパ語族の人々は様々な言語に分かれているが、本来は崇拝する神々についていくつかの特徴を共有していたようである。そのような共有の特徴の1つとして、天候を司る荒神が中心的な神となり、その武器が雷である、ということがある。その代表的な例が、ギリシア神話に出てくるゼウス神である。ルウィ語を話す人々もそのような神を崇めていて、Tarhunt-と呼んでいた。ここで出てくる王は、この神に因んで名を名乗っていたのだろう。つまり、ここまでで「ウラ・タルフント（偉大な雷神）大王」と読むことができる。

次にまた 「大王」が出てくる。 (21) は「半神」という意味の表意文字である。神の血を引いているなどと主張していたのであろう。

 (434)、 (383)、 (434)、 (391)、 (104) はいずれも表音文字として使われていて、それぞれka、raないしri、ka、mi、sàという音を表している。そしてその後に (228) とい

▲図8：石碑/第2欄

▲図9：石碑/第3欄

う文字があるが、これは「領域、地方（国）」を表す。つまり、Karkamisという地域を示しているが、これが古代史でカルケミシュとして知られる都市、現在のジャラーブルスである。その次に「王」の文字が記されているので、「カルケミシュ王」ということになる。

よって第1欄は、「大王ウラ・タルフント（偉大な雷神）、大王、半神、カルケミシュの王」という意味になる。

第2欄（図8）は左から右に向かって読むことになる。1行目とは向きが逆なので、文字も左右反転して記されることになる。まず、残念ながら最初の文字が欠損している。次の ⌬ (334) はpaの音、⌬ (313) と ⌬ (90) は組み合わせてzītiの音、⌬ (415) はsaの音を表していて、■pazitisという人名である。次の「大王」、「半神」は既に見た通り。⌬ は「息子（子供）」を表す表意文字だが、その次の ⌬ (214) はníという音、⌬ (107) はmuという音、⌬ (377) はzaという音を表しており、「息子」を意味するルウィ語の発音であって、⌬ に振り仮名のように添えられている文字群である。ここまでで、「■pazitis大王、半神の息子」という意味になる。つまり、第1欄のウラ・タルフントは、■パジティスの息子だということである。

⌬ (439) はwaないしwiという音を表すが、文の初めに出てきて「そして」を意味する。⌬ (89) はtuという音を表すが、「彼（彼女）に」という意味の人称代名詞である。⌬ (29) はtáという音を表し、文小辞sと呼ばれる要素だが、正確な機能はわかっていない。⌬ は通常はaという音を表すが、ここでは語末を示す記号ないし行の隙間を埋めるための記号として使われている。

第3欄（図9）右から左に読んでいく。⌬ (108) はsúの音を、⌬ (383) はraないしriの音を、⌬ (90) はtiの音を表し、⌬ は「領域、地方（国）」を表す。だから、「Surati地方」という意味になりそうだが、ここで注意しなければならないのは、象形文字ルウィ語は名詞に語尾変化がある言語だということで、-atiという語尾がつくと、「〜から」という意味になることである。つまり、「Sura地方から」という意味が示されているのであろう。「Sura地方」というのがどこのことなのかは不明である。東方のウラルトゥ王国か、あるいは南方のアッシリア

35

▲図10：石碑/第4欄

王国かどちらからしいが説が定まらない。

次の 𝕁𝕀 (386) は語と語を分ける記号、▒(24) は「口論、争」を表す表意文字で、下に見える文字は ⌒(415) か ⌘(327) の摩耗したものと思われるが、いずれにせよ sa の音を表す。▒(216) は arha という音を表し、「離れて、去って」という意味の副詞である。▒は明らかにスフィンクスを表しているが、ここではスフィンクスを意味する象形文字ルウィ語の発語 awiti- が、類似発音の動詞 awita「(それが) 来た」を表現している。

つまりここまでで、「彼 (=カルケミシュのウラ・タルフント大王) に (離反して) 争いがウラルトゥ王国 (あるいはアッシリア王国) から来た。」という意味が示されている。

次の ▒ は「そして」、▒ は機能不明の文小辞であることは既に見た通り。最後の ▒ は行の隙間を埋めるための記号として使われている。

第4欄 (図10) は左から右に進む。𝕁𝕀 は語と語を分ける記号、▒(269) は「軍隊」、⌒ は何の文字かよくわからない。

𝕁𝕀 は語と語を分ける記号、▒(26) は「顔、前面」、▒ は ti という音を表し、これらで「前面に」 hant- という語を示している。

𝕁𝕀 は語と語を分ける記号、▒(65) は「置く」という表意文字。

だから、第3欄の最後からここまでで、「そして (彼らは) 軍隊を前に置いた。」という意味になる。

全体をまとめてみよう。「大王ウラ・タルフント、大王、半神、カルケミシュの王。■パジティス大王、半神、の息子。さて、彼に (離反して) 争いがウラルトゥ王国 (あるいはアッシリア王国) から生じた。そして、(彼らは) 軍隊を前に進めてきた。」と記されているのである。この後、戦いはどのように推移し、どのような結果になったのだろう。そして、誰がこの石碑を建てたのだろう。残る4欄半にそれが記されているのだが、もはや担当の紙幅が尽きてしまった。

関心のある読者は、ぜひ専門研究の密林に分け入って来てほしい。古代文字研究はあなたを歓迎する。

36　アナトリア象形文字　古代トルコ

4 線文字B　ミケーネ文明

平野みか

●線文字Bとは何か●

　線文字Bとは、紀元前2000年紀の後半にギリシア本土とクレタ島を中心に繁栄したミケーネ文明の世界で、主として宮殿における行政上の記録を粘土板に刻むために使われていた文字である。この文字が初めて発見されたのは、1900年からイギリスの考古学者エヴァンズがクレタ島のクノッソス遺跡で行った発掘に際してのことであり、これによって先史時代のクレタ島には3種類の文字が存在したことが明らかになった。1つ目はいわゆる聖刻文字（図1）、2つ目は線文字A（図2）、そして3つ目が線文字Bである。これら3つの文字のうち、最も解読が進んでいるのが線文字Bであり、現在ほぼすべての文字の表していた音が明らかにされている。線文字Bの文字数は全体で200以上あり、そのうち87は音節文字（図3）、100以上は表意文字、残りは数詞（図4）である。

　前17世紀の後半にペロポネソス半島北東部のアルゴス平野や南西部のメッセニアを中心として興隆したミケーネ文明は、ミケーネ土器と呼ばれる独特の彩文土器や大規模なトロス墓などの特徴的な葬制によって知られているが、とりわけ前14世紀頃になると、イタリア南部、エジプト、シリアをはじめとする外部世界との金や銀、青銅、ワイン、オリーヴ油などの活発な交易を通じて、経済的に極めて繁栄していたことが知られている。しかし、前13世紀になると、ミケーネ文明世界の各地に存在した小王国の中心地にあった宮殿は、キクロペス様式と呼ばれる堅固な城壁によって囲まれるようになり、この世紀の末には、それらが相次いで大規模な焼壊を受けたことが考古学的に確認されている。現存している線文字B粘土板は、その大半がこの前13世紀末に各地を襲った破壊の波のなかで、宮殿に保管されていた粘土板が偶然に火災を受けて焼成されたものである。

　確かに、クノッソス宮殿から出土した粘土板については、その年代を前14世紀後半

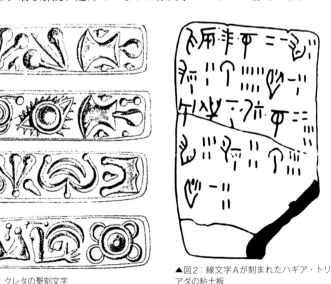

▲図1：クレタの聖刻文字　　▲図2：線文字Aが刻まれたハギア・トリアダの粘土板

37

▲図3：線文字Bの音節文字表

▲図4：数詞。左から順に1000、100、10、1の位を表す

にまで遡らせる説がある一方で、前12世紀初めに位置づけられる粘土板もあることから、この文字が少なくとも約200年間は使用されていたとする見解も提示されている。さらに、近年ペロポネソス半島西部、オリュンピアに近いカフカニアの中期ヘラディック後期の地層から、線文字Bが刻まれた小石が発見され、文字自体は前16世紀から存在したのではないかという可能性すら指摘されている。しかし、後者についてはフェイクとする説も有力であり、現状ではエーゲ海世界で線文字Bが使われていたのは、前13世紀後半のごく限られた期間のことだったと考えるのが妥当であろう。

線文字Bが用いられている史料は、そのほとんどが粘土板であり、ごく例外的に鐙壺（Stirrup jar）の器面に書かれている例が知られている（図5）。粘土板に文字を刻む際は針筆が用いられ（図6）、基本的に物の名前と数のみが、「〜が〜個」というように刻まれている。これらの粘土板は、文字が刻まれた後に王宮の文書室で一定期間保存され、必要がなくなると水を加えて元の状態に戻され、再利用されていたと考えられている。一方、鐙壺には様々な容積のものが存在するが、線文字Bが書かれている例は、大半が12ℓから14ℓくらいの大型のものである。そこに土器の焼成前に筆によって書かれている内容は、ほとんどが「個人の名前（主格）、地名、個人の名前（属格）」となっている。

線文字Bの大きな特徴は、この文字が音節文字

だということである。周知のように、歴史時代になるとギリシア語は音素文字（アルファベット）で表記されるようになるため、音節文字というこの文字の性格が、その表記している言語がギリシア語であるという、その出土地から考えればごく当然の仮説を受け入れがたいものとしていた。その発見から解読に至るまで半世紀以上を要した根本的な理由は、まさにその点に求められるのである。

•解読の歴史•

　線文字Bは、その発見時から、多くの研究者によって解読が試みられてきた。未知の文字の解読にあたっては、まずそれが既知のどの言語を表記しているのかが明らかにされなくてはならないが、上述した理由から、大半の研究者は線文字Bが非印欧語を表記しているのではないかという仮説から出発した。例えばエヴァンズは、線文字Bを既知のどの言語にも当たらない独自の言語と考えた。そして、「王室」や「宗教」を意味する場合には必ず王座の形の文字が使われるなど、ヒエログリフに見られる決定詞がこの言語にも見られることから、これがエジプトに由来している可能性を指摘した。また、ドイツの学者ジッティヒは同じ音節文字である線文字Bとキュプロス文字に関係があると想定し、2つの文字の類似点とそれぞれの文書における記号の出現頻度を考慮し、線文字Bの解読を試みた。後に線文字Bを解読することになる建築家ヴェントリスも、当初この文字は非印欧語のエトルリア語であるとの見方を示していた。彼は線文字Bの基である線文字Aがどの言語に属するものなのか、学者たちに手紙を出し、意見を求めている。その結果は、1940年に18歳で執筆した「ミノア語序説」という論文で述べられている通り、線文字Aはエトルリア語であるというものだった。このことから、彼は線文字Bもまたエトルリア語を表記しているものと想定していた。

　このような、線文字Bを非印欧語と仮定するアプローチは、当時の歴史観に強く束縛されていた。というのも、専門家の多くが、「古代ギリシア文明は、北方からアーリア人たるギリシア人が侵入し、先住民を駆逐した結果発展したのだ」という考え方（いわゆるアーリア・モデル）に囚われていたからである。線文字Bが刻まれている粘土板という媒体は、基本的にオリエント世界で考案されたものであって、古代ギリシア文明にはそのようなものはまったく存在しない。つまり、線文字Bを印欧語と仮定することは、古代ギリシア文明がアーリア人のもたらした言語によって創造されたという伝統的な考え方を、根本から突き崩してしまうことにつながりかねなかったのである。線文字Bが、当初西アジアやエジプトに近いクレタ島でしか見つからなかったことも、彼らの説を裏付けているように見えた。

　ところが、1939年、アメリカの考古学者ブレーゲンは、ホメロスの叙事詩に登場するピュロスの王宮とおぼしき場所を発掘し、そこでミケーネ時代の宮殿遺構を発見した。そして、その文書室とみられる場所から600点ほどの線文字B粘土板が出土したのである。その後、この史料はアメリカへと渡り、第二次世界大戦が勃発したため、文書は長く梱包されたままになった。1951年、文書を梱包した際に撮った写真を基に、アメリカの学者ベネットがテキストを刊行したが、依然として多くの粘土板が未公刊のままとなっていた。

　そのようななか、アメリカの言語学者コーバーは、あるテキストのなかの2つの単語に注目した。その単語はわずかに語尾を変化させた3つの形で粘土板に繰り返し出現し、図7のように2つの単語の語尾変化は一致する。これによって彼女は、この言語が格変化をともなう言語であることを発見した。現在使用されているヨーロッパの言語の多くは、名詞や動詞の語尾を複雑に変化させている。前8世紀以降のギリシアで使われた古典ギリ

▲図5：線文字Bの描かれた鐙壺（筆者撮影）

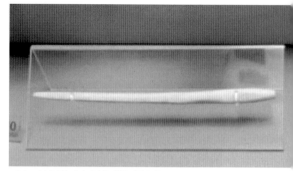

▲図6：粘土板に文字を刻む針筆（筆者撮影）

シア語も、極めて複雑な格変化を持つ言語であり、コーバーの指摘は、線文字Bが印欧語を表記しているのではないかという可能性を示唆するものとなった。1950年に彼女は亡くなってしまうが、その成果はあらゆる偏見を排除して考えようとしたからこそ成し遂げられたものであり、彼女の研究はヴェントリスに受け継がれることになる。

　線文字B解読が試みられていた時期は、ちょうど第二次世界大戦の時期と重なる。この世界大戦によって、より安全に素早く軍事情報を味方に知らせるために、各国の暗号技術が大きく飛躍した。こうした暗号技術の発展、そしてそれを解読する技術の進化は、古代文字の解読にも大きな影響を与えた。本来、暗号は当人以外には知られたくないものを隠してやり取りするためのものであるが、古代文字には暗号のような意図はないが、その文字を知るものがいなくなったために、読めなくなってしまったものである。暗号解読の手法は、線文字Bの解読にも十分役立つものだった。ヒエログリフにはロゼッタ・ストーンのような解読の鍵となる史料があったが、線文字Bにはそのようなものがなく、解読はまさに暗号解読そのものだったのである。

　コーバーの研究とベネットによって刊行されたテキストを基に解読を試みたヴェントリスは、まず音価表を作ろうと粘土板に出てくる単語1つ1つを採り上げ、その単語を語頭、語末、語中の3つに分け、どの文字がどれほどの頻度で出現するのかを調べた。そして、この作業で決まったいくつかの文字の音価を頼りに、他の文字の音価を決め、音価表を埋めていった。ヴェントリスは音価表ができあがった後、これを使用してクノッソス文書を読んでみたところ、そこに浮かび上がったのは紛れもないギリシア語であることに気づいたのである。

　その後、ヴェントリスはラジオの講演において、線文字Bはギリシア語であると主張した。これに対して、ほとんどの研究者が慎重な姿勢を示したが、イギリスの言語学者チャドウィックもそのなかの1人だった。チャドウィックは第二次世界大戦中に暗号解読に従事し、その技術を線文字Bの解読に応用しようとしていた。当初、チャドウィックはヴェントリスの主張の間違いを示そうと、彼の作り上げた音価表を入手し、それを使って粘

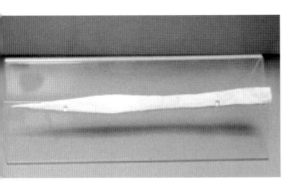

▲図7：線文字Bの2つの単語の変化

土板の解読を行った。ところが、この作業は線文字Bがギリシア語であることを確認するものとなり、これに感銘したチャドウィックは、ヴェントリスが亡くなるまでの4年間、共同研究を行うことになる。2人の研究の成果は、1953年の秋には『ギリシア研究誌』に正式に報告された。この報告が行われる少し前には、正式な報告に先だって解読成功のニュースが流れたが、ブレーゲンやベネットら歴史学者たちはなお慎重な姿勢を示していた。それは、やはりアーリア・モデルが歴史学者たちに強く根付いていたからであろう。

同じ1953年の5月、ブレーゲンは第二次世界大戦で中断されたピュロスの発掘を再開し、さらに300点余の粘土板を発見していた。ブレーゲンは試しにヴェントリスの音価表を使って「鼎の文書」と呼ばれるTaシリーズとして分類された粘土板を読んでみたところ、それが確かにギリシア語として読めることを確認した。このことは、線文字Bがギリシア語を表記していることを決定的にする証拠となった。ブレーゲンがヴェントリスとチャドウィックの研究を認めることになったこの出来事は、線文字Bの解読成功に慎重な評価を与えていた者の態度を容認へと動かすことになった。その後も線文字B研究は発展し、日本でも独自の研究成果が公刊されるなど、線文字B研究はミケーネ社会を明らかにするための重要な史料として認知されるに至っている。

•実際に読んでみよう•

ここでは、まず線文字Bが刻まれた史料の記述方法をいくつか確認したい。線文字Bは左から右へ書かれ、文章は横に引かれた罫線の間に刻まれている。基本的に、単語と単語は短い縦線で区切られている。また前述の通り、この単語には格変化があることが明らかになっており、語尾の形によって基本的に「〜は（主格）」「〜の（属格）」「〜に（与格）」「〜を（対格）」といった形を取る。

実際に、Taシリーズの1つであるTa709（図8参照）を見てみると、文字が3行にわたって左から右へ罫線の間に刻まれ、単語同士は短い線で区切られていることがわかる。この粘土板は、3つの破片の状態で出土しているが、それらを接合して1行目の線文字Bをアルファベットの音価に直して訳すと、以下のようになる。

pi-je-ra3 to-qi-de-ja 200VAS 3 pa-ko-to a-pe-te-me-ne 214VAS 2 po-ro-e-ke-te-ri-ja 228VAS 1 ko-te-ri-ja 6
渦巻き文様の鉢『鉢の表意文字』3、脚部のない深鉢『深鉢の表意文字』2、ある種の道具『道具の表意文字』1、るつぼ（?）6
※『 』は粘土板に刻まれている表意文字を表し、アルファベットの音価の200VAS、

▲図8：ピュロス文書Ta709（周藤芳幸氏撮影）

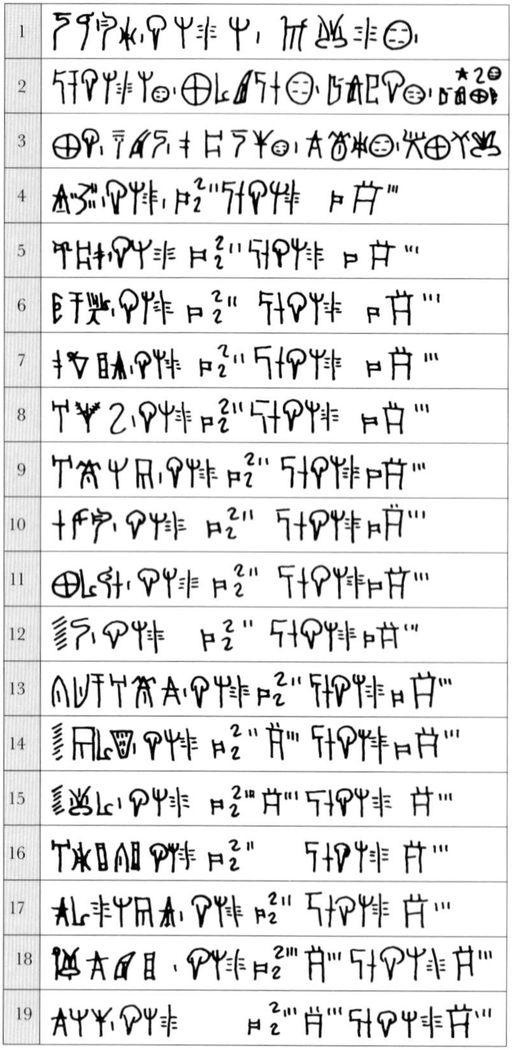

214VAS、228VASを表す。

　粘土板に刻まれている土器や道具がどのようなものだったのかは、ここに刻まれている事柄より詳しい史料がないためにわからないが、表意文字はまさにそのものの形を示している。例えば「渦巻き文様の鉢」であれば、「表意文字の土器と同じ形状の土器であり、渦巻きの文様が描かれている」と読むことができる。また、アルファベットの音価に直した際の200VASのような表記は、ヴェントリスとチャドウィックによって200番に割り振られた、土器の表意文字であることを表している（図4参照）。このように、Ta709の1行目には、2種類の土器と道具、るつぼについてのリストが刻まれている。続く2行目には火鉢や焼台など焼くことに関する物のリストが刻まれ、3行目には2種類のクレタ産の鼎に関するリストが刻まれている。このように粘土板の文章は、物の名前と数で構成され、物を修飾する単語がいくつも追加されて文章が長くなっても、文章構成が変化することはない。

　また、これまでに採り上げた葉型の粘土板のほかに、タブレット型の粘土板のなかには、当時のピュロス王国の状況を推測させるものもある。ここでは簡単な紹介に留めておくが、例えば図9のピュロス文書Jn829では、矢や槍の穂先のために、王国の有力者が神殿に奉納されていた青銅を王国に貢納することが記され、王国が緊急事態に陥っていたことや、王国の有力者の役職名を確認することができる。ただ、1つの粘土板から読み取れることはわずかであり、線文字Bが描かれている鐙壺も含め、線文字Bが記された史料をいくら集めても、ミケーネ文明の歴史を復元することは困難である。しかし、これらの出土は現在もなお確認されており、ミケーネ文明の状況がより具体的に読み取れるような史料が今後出土することを期待したい。

▲図9：ピュロス文書

42　線文字B　ミケーネ文明

⑤ フェニキア文字 古代フェニキア　青木真兵

• フェニキア文字とは何か

ギリシア語でカナン地方のことを指す「フェニキア」は、現在のレバノンを中心とする地域であった。そこに住んでいた人々が使用したフェニキア文字は、「アルファベットの起源」だといわれることがある。その根拠の1つが、以下に挙げた古代ギリシアの歴史家ヘロドトスの記述である。

> カドモスとともに渡来したフェニキア人たちは……ギリシア人にいろいろな知識をもたらした。中でも文字の伝来は最も重要なもので、私の考えるところでは、これまでギリシア人は文字を知らなかったのである。フェニキアの移住民たちは、はじめは他のすべてのフェニキア人の使うのと同じ文字を使用していたが、時代の進むとともにその言語を（ギリシア語に）変え、同時に文字の形も変えたのである（下線筆者）。当時このフェニキア人と境を接して住んでいたのは、大部分がイオニア人であったが、この文字をフェニキア人から習い覚え、「フェニキア文字」と呼んでこれを使用したのである。（松平千秋訳『歴史』）

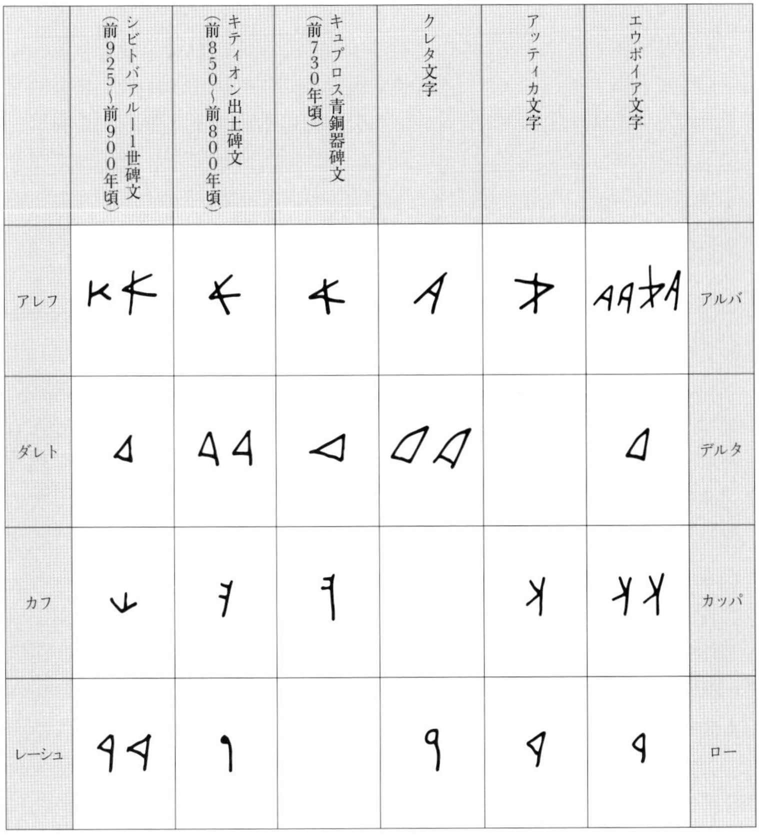

ギリシアに移住したフェニキア人がギリシア語を使

	シビトバアル1世碑文（前925～前900年頃）	キティオン出土碑文（前850～前800年頃）	キュプロス青銅器碑文（前730年頃）	クレタ文字	アッティカ文字	エウボイア文字	
アレフ	ⵕⵕ	ⵕ	ⵕ	A	∗	AAᴷ	アルバ
ダレト	◁	◁◁	◁	◁◁		◁	デルタ
カフ	ⵋ	ⵋ	ⵋ		ⵋ	ⵋⵋ	カッパ
レーシュ	ᑫᑫ	ᑫ	ᑫ	ᑫ	ᑫ	ᑫ	ロー

▲図1：フェニキア文字とギリシア文字の対比

	(1)	(2)	音写
1	𐤀	𐡀	ʼ
2	𐤁	𐡁	b
3	𐤂	𐡂	g
4	𐤃	𐡃	d
5	𐤄	𐡄	h
6	𐤅	𐡅	w
7	𐤆	𐡆	z
8	𐤇	𐡇	ḥ
9	𐤈	𐡈	ṭ
10	𐤉	𐡉	y
11	𐤊	𐡊	k

	(1)	(2)	音写
12	𐤋	𐡋	l
13	𐤌	𐡌	m
14	𐤍	𐡍	n
15	𐤎	𐡎	s
16	𐤏	𐡏	ʻ
17	𐤐	𐡐	p
18	𐤑	𐡑	ṣ
19	𐤒	𐡒	q
20	𐤓	𐡓	r
21	𐤔	𐡔	š
22	𐤕	𐡕	t

1:アレフ、2:ベート、3:ギメル、4:ダレト、5:ヘー、6:ヴァヴ、7:ザイン、8:ヘット、9:テット、10:ユッド、11:カフ、12:ラメド、13:メム、14:ヌン、15:サメク、16:アイン、17:ペー、18:ツァディ、19:クフ、20:レーシュ、21:シン、22:タウ。

しかしフェニキア文字の順序と名称を規定する資料は存在しないため、これらはヘブライ語の文字順と名称が適用されている。

ヘブライ語やトランスヨルダンの諸言語と同じカナン語にフェニキア語は属し、北西セム語群に分類される。時期的には大きく2つに区分され、紀元前10世紀から前7世紀までがアルカイック期、前6世紀から前1世

▲図2：(1) 標準フェニキア文字の表と (2) アラム・ヘブライ文字の表

用し文字を変え、ギリシア文字（アルファベット）を生み出したと語られている。つまりヘロドトスの言葉を信じると、確かにフェニキア文字はアルファベットの直接の起源であるということができるだろう。しかし現在ではこのような説を支持する研究者はほぼ存在しない。ただし文化の面でフェニキア人の方がギリシア人よりも先行していたこと、また文字の形態、名称、音価においてフェニキア文字とギリシア文字との間の類似が明らかなため、フェニキア人がギリシア人に与えた文化的影響は大きかったと考えられている（図1）。

フェニキア文字は22の文字から成っており、標準文字と名称は以下である（図2）。

紀までが古典期である。またフェニキア人だけでなく、アラム人やヘブライ人などのセム系の民族もフェニキア文字を記録に利用した。しかし異なる点として、ヘブライ語やトランスヨルダン諸語が地理的に限定されていた一方で、広範囲で使用されたフェニキア語は様々なヴァリエーションを持ったことが知られている。また母音を表す文字があったアラム語などとは異なり、フェニキア語は子音字だけで綴られていたせいで、フェニキア語の発音は現在でも部分的にしか判明していない。

フェニキア人は海洋民族で地中海全域を活動範囲としていたため、フェニキア文字は広範囲で使用された（図3）。またフェニキア人は東地中海

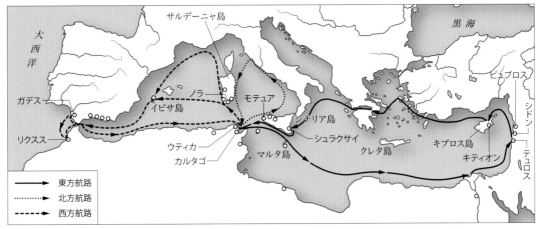
▲図3：フェニキア人の活動範囲

においてギリシア人と深い関係にあっただけでなく、西地中海ではカルタゴをはじめとする多くの植民都市を建設し、エトルリア人やローマ人にも多くの影響を与えた。このように古代地中海史において重要なアクターであったフェニキア人だが、彼らに関して私たちが知ることのできる情報は非常に少ない。それはなぜだろうか。

フェニキア人は文学作品などで「自身の言葉」を残すことができなかった。しかし彼らが文字文化を持っていなかったわけではない。歴史、法、宗教といった分野において、フェニキア文字で書かれた書物が存在したと考えられているが、現存していないのだ。現存する史料は石碑や像、石棺に刻まれた神への奉納碑文がほとんどである。このような碑文の多くは、決まったフレーズを連ねた形式的なものになってしまう傾向があるため、得られる情報は多くない。他にも陶片や印章、容器に書かれたものが残存しているが、持ち主の名前や容器の名前が記されているだけである。

最も有名なフェニキア人の植民市カルタゴにおいてですら、同じような状況なのである。カルタゴは前6世紀から西地中海全体を支配下に治めた都市国家で、フェニキアの都市テュロスを母市とする植民市であった。カルタゴを中心とする西地中海域で使用されたフェニキア語の方言をポエニ語という。ポエニの文字で記された史料で残存しているものは約6000に上るが、そのほとんどはやはり奉献碑文であった。例えばカルタゴから出土したある碑文には、以下のように記されていた（図4）。

> 女主人「バアルの顔」であるタニトへ、そして主バアル・ハモンへ、（この石碑は）ティの息子、バシュリィの息子、ミルク・ヤトンの息子、ハンノの息子、ボド・メルカルトが誓願したものである。どうぞ彼を祝福してくださるように（佐藤育子訳）。

奉納碑文には「碑を捧げる神の名前」の後に「碑を捧げた人物の名前」が記されるという定型がある。またこの碑文の上に刻まれているのが女神タニトのモチーフである。タニトは特にカルタゴで崇拝されていた女神で、水平線で区切られた三角と丸で表される。この碑文では女神タニトのモチーフの上方に三日月が付け加えられている。タニトは常に「バアルの顔」という添え名を持っており、男神であるバアル・ハモンと1対である。この呼びかけの文句も定型句であった。このように、フェニキア人が残した史料から彼らの思想や意見

▲図4：カルタゴの碑文の写真

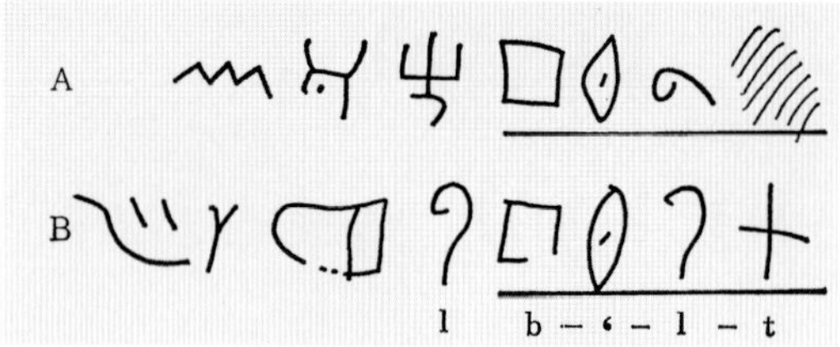

▲図5：スフィンクスに彫られた文字

を直接的に知ることは難しいのである。

•解読の歴史•

　前節のとおり、フェニキア語とヘブライ語、アラム語は同じセム系の言語に属している。特にヘブライ文字は、正統派ユダヤ教や現代イスラエルの公用文字である。今では宗教的な文献にしか見られなくなった古ヘブライ文字は、紀元前9世紀頃にフェニキア文字から発展し、紀元前6世紀のユダ王国の滅亡とともに日常的に使用されることはなくなった。一方、現在でも使用されているヘブライ文字はバビロン捕囚から帰還したユダヤ人が使用していたアラム文字から発展した。
　アラム文字もフェニキア文字から発展し、紀元前1000年紀のオリエント世界における共通のコミュニケーションツールとなった。イエス・キリストとその12使徒はアラム語を日常的に使用していたが、紀元後7世紀のイスラームとアラビア語の普及にともない消滅した。しかしアラビア文字はアラム文字から誕生している。このようにヘブライ文字、アラム文字はフェニキア文字から発展したものであり、その発展形はイスラエルやイスラーム諸国で現在まで受け継がれている。フェニキア文字は決して「失われた言語」ではなかったため、解読自体は難しいものではなかった。問題はその起源であった。
　フェニキア文字の起源については古代から大きく2つに意見が分かれていた。ディオドルス・シクルスとプリニウスはアッシリア人が文字を導入したと主張したが、プラトンとタキトゥスはエジプト人だと考えていた。近代になり、再びこの論争が再燃する。フェニキア文字が「発見」されたのは17世紀のことだったが、19世紀になるとエジプトのヒエログリフ解読熱とも相まって、エジプトおよびアッシリア起源説が支持された。他方ではエジプトに侵入したヒクソスによって形成され、独自に発明された文字であると主張する研究者も存在した。その起源は20世紀初頭のある発見がきっかけとなり明らかになった。
　1905年、近代考古学の祖F・ピートリがシナイ半島のセラビト・エル＝カディムで、神殿の周辺

を調査していた。彼はそのうちに岩に絵文字のようなものが刻まれているのを発見したのである。絵文字の数は約30個であった。この発見は1916年にA・ガーディナーおよびE・T・ピートによって公にされ、ガーディナーはこの文字の部分的な解読を発表した。

まずガーディナーは小型のスフィンクス像の両側に彫り込まれた文字に注目し、共通する文字を見つけた（図5）。彼はこの文字が表しているのはセム語であろうと仮定した。そしてこの4個ないし5個の文字にアクロフォニーの原理を当てはめた。アクロフォニーの原理とは各文字の図形の名称を推定し、その頭音（アクロフォニー）を取り出すことである。図5の2つの刻文を見てみると、下線部分の左端に四角形が書いてある。この記号は砂漠地帯でよく見られる岩石の囲いだけの「家」を表し、「ベート」と読み、頭音は「b」となる。次の文字は「眼」を表していて、「アイン」という名称を持ち、頭音は「'」である。

このようにして解読すると、4個の文字はb-'-l-tとなる。これは『旧約聖書』のなかにたびたび登場する、異教の男神バアルの女性形バアラトを意味した。バアラトは愛の女神であることから、同じような役割を与えられているエジプトの女神ハトホルの神殿近くで発見されたことも、この解読の信頼性を高めた。この文字は後に原シナイ文字と呼ばれ、フェニキア文字の最古期の形であることが示されたのである（図6）。

この原シナイ文字の年代について、ピートリやガーディナーはセラビト・エル＝カデムが第12王朝のものだと考えられていたことから、紀元前1900年頃に年代付けた。一方、後にこの地域を調査したアメリカの学者W・F・オールブライトは、原シナイ

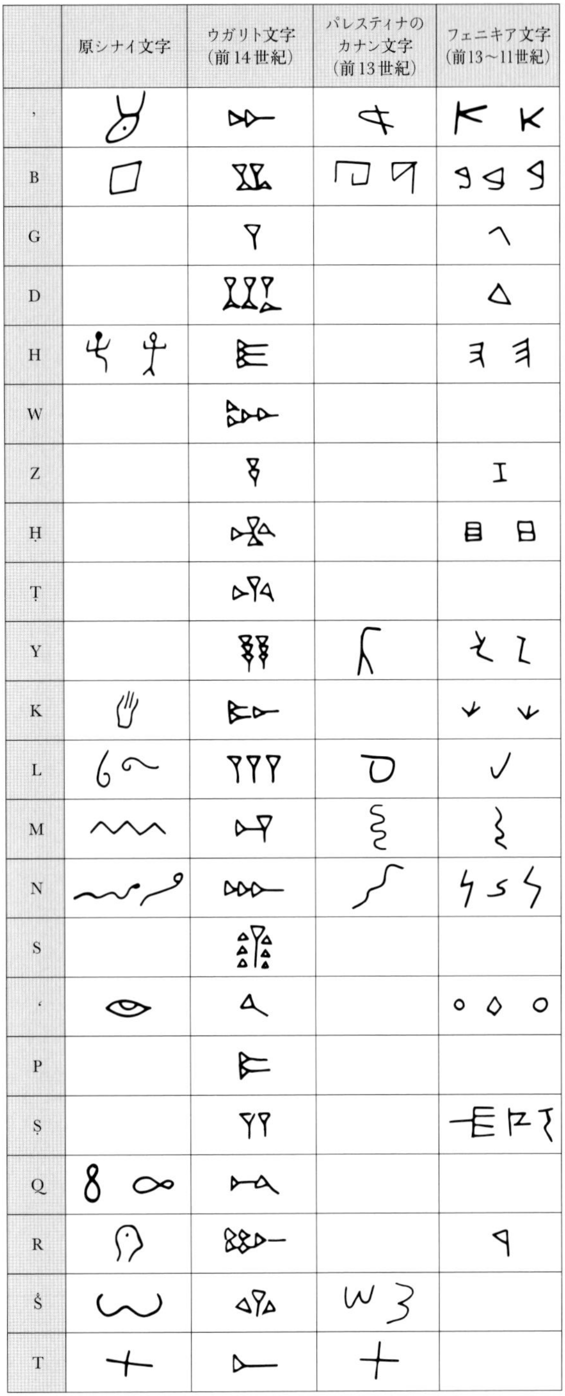

	原シナイ文字	ウガリト文字（前14世紀）	パレスティナのカナン文字（前13世紀）	フェニキア文字（前13〜11世紀）
'				
B				
G				
D				
H				
W				
Z				
Ḥ				
T				
Y				
K				
L				
M				
N				
S				
'				
P				
Ṣ				
Q				
R				
Š				
T				

▲図6：原シナイ文字からフェニキア文字へ

▲図7：アヒラムの石棺の写真

▲図8：レプキス・マグナの碑文の写真

文字が刻まれていた小型のスフィンクスが第18王朝のハトシェプスト女王時代のものとみられるため、紀元前1500年頃だったのではないかとしている。このように原シナイ文字の年代は紀元前1900年から前1500年の間だろうと推測されている。

さて、現存するフェニキア語最古の碑文は、前1000年頃の都市ビュブロスの王アヒラムの石棺に刻まれたものである（図7）。原シナイ文字は書き方や読み方は定まっていなかったが、すでにこの時代にはフェニキア文字は「横書き」で、読む方向は「右から左」というように、文字の向きも形も定まっていた。現在レバノンのベイルート国立博物館に展示されているアヒラム王の石棺は、1923年にP・モンテによって発見されたものである。

• 実際に読んでみよう •

フェニキア文字は、フェニキア人の活動によって地中海全体で使用されていた。特に西地中海ではカルタゴや北アフリカで使われたフェニキア語が独自の発展を遂げ、前6世紀にはポエニ語として成立していた。ポエニ語はリビアやアルジェリアだけでなく、シチリア島、サルデーニャ島、マルタ島などでも使用されていたことがわかっている。

西地中海に覇権を誇ったカルタゴは、前146年にローマとの戦いに敗れ滅亡する。しかし、かつてカルタゴの支配下にあった西地中海の他のフェニキア都市では、ローマ帝国下でもポエニ語は使い続けられた。これを新ポエニ語という。例えばリビアの都市レプキス・マグナから出土した、ラテン語と新ポエニ語の二言語併用碑文を見てみよう。この碑文はローマ帝国の支配下、紀元後1年ないし2年に劇場の出入り口に掲げられた（図8）。

この碑文と同内容の碑を複写したものが図9である。碑文には上部にラテン語が記され、下部に新ポエニ語が2行にわたり刻まれている。ラテン語は左から右に読み、ここにはIMPCAESARE…（皇帝カエサル…）と書かれていることがわかる。そしてラテン語とは反対に、新ポエニ語は右から左に読んでいく。1行目を転写するとḥnbʻl myšql ʼrṣ mḥb dʻt ḥtmt zbḥ špṭ ʼdrとなる。語と語の切れ目がないので判別が難しいが、まずは1語目に注目してみよう（図10）。

1語目にはḥnbʻlと書かれている。これは「ハンニバル」という人名を表している。ハンニバルというと第二次ポエニ戦争でローマを滅亡の危機に追いつめた将軍が有名だが、もちろんその人物で

▲図9：図8の複写 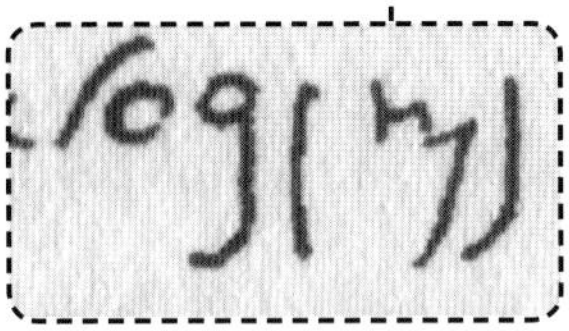　　　　　　　▶図10：1行目1語目のアップ

はない。ハンニバルという名前は「バアルに恩恵を受けたもの」を意味し一般的な名前であった。この碑文のラテン語では2行目の一番左側にANNOBALと書かれており、ローマ世界ではハンニバルがアンノバルと呼ばれていたことがわかる。

　もう1つ注目できる語が、špṭである。これは「スフェス」という、カルタゴを中心とするポエニ世界における最高行政長官職のことであった。ギリシアでは筆頭アルコン職、ローマではコンスル職に就いた人物の名をもって年を表すという紀年法が存在したように、カルタゴの場合はスフェス職がその役割を果たした。この碑文のラテン語では3行目の左側にSVFESと書かれている。この新ポエニ語碑文の全文は以下のように訳すことができる。

　ハンニバル、国の誉れ、調和を愛する者、司祭、スフェス、儀礼長官、'RMの息子であるヒミルコ・タパピウス・ルフスの息子が自費で建造し奉献した。

　ここから都市レプキス・マグナのハンニバルという人物が「碑を捧げた人物」であり、「彼がどのような要職に就くいていたのか」を知ることができる。しかし文字を見ればわかるとおり、フェニキア文字では母音が書かれることはなく、子音のみが表記されていた。ただセム語では子音が語を構成する基礎になっており、現在でもヘブライ語やアラビア語も子音だけで表記されることが一般的である。

　このように、フェニキア人が残した史料から彼らについて知ることは限られているけれども、オリエント世界や地中海世界においてフェニキア文字が果たした役割は大きかった。特にミケーネ文明が崩壊し線文字Bという自らの文字を失ったギリシア人に、再び自身の記録を残す強いきっかけを与えたのだ。フェニキア人との出会いの末に誕生したギリシア文字は、哲学や科学を記述する道具となり、現代でも自然科学などの学問の世界を中心に使われている。

　ギリシア文字はイタリアに伝わり、エトルリア文字を誕生させた。エトルリア文字はローマ人のラテン文字へと直結する。ラテン文字はローマ帝国西部で使用され、西ローマ帝国の滅亡後はローマ・カトリック教会へと引き継がれていった。またギリシア文字は東ローマ帝国で公用文字となり、その知の体系はイスラームへと引き継がれていく。

　このように考えてみると、フェニキア文字は決して「アルファベットの原点」ではないけれども、アルファベットという考え方をオリエント世界に根付かせ、地中海世界へと拡散させていった、とても重要な役割を担っていたことがわかるだろう。

49

6 エトルリア文字 古代イタリア　比佐 篤

●エトルリア文字とは何か

　後に大帝国へと発展していくローマは、その初期の歴史においてイタリア北部の先進文明であるエトルリア人から多大な影響を受けた。ローマ人が用いたラテン語とローマン・アルファベットも、エトルリア語とその文字に大きな影響を受けている。そのまま採り入れられた単語も少なくない。イタリア半島には様々な言語を用いた先住民族がいたが（図1）、そのなかでもエトルリア人はギリシア文化も受け入れつつ高度な文化を形成していた。その際に、ギリシア文字を基にエトルリア文字もつくり出した。

　したがって、エトルリア文字とギリシア文字はよく似ている（図2）。とはいえ、一般的に目にするギリシア文字とは、やや異なっている。古代ギリシアの文献に用いられていて一般的に目にする文字は、東方ギリシア文字と呼ばれている。これに対して、その前段階の文字が西方ギリシア文字である。西方ギリシア文字は、ペロポネソス半島やエーゲ海西部のエウボイア島で用いられ、後にイタリア半島へもたらされた。やがて、東方ギリシア文字が標準のギリシア文字となっていく。すると西方ギリシア文字は消滅していき、イタリア半島でも東方ギリシア文字が採用された。ただしエトルリア人は、先にイタリアへもたらされた古い形の西方ギリシア文字を模範とした。図2を見ると、通常のギリシア文字とは左右対称になっているのもそのためである。西方ギリシア文字による文章は右から左へと書かれており、それに合わせてアルファベットの向きが東方ギリシア文字とは逆になっている。エトルリア人は、西方ギリシア文字を模範としたために、そうした特徴もすべて引き継いだわけである。

　エトルリア人の考古遺物には、西方ギリシア文字のアルファベットの一覧を模範として確認できるように書き記したものがある。例えば、紀元前7世紀頃のものとされる小さな書版である（図3）。やや高く枠取った周辺部の上部には、模範とした西方アルファベットが右から左へと順番に書かれている。ただし、あくまでも模範であり、エトルリア語で書かれた文章には使われていない文字もあ

▲図1：初期イタリアの言語地図

る。加えて、西方ギリシア文字にない文字が新たにつくられている。

　西方および東方ギリシア文字とエトルリア文字を比較していくと、エトルリア語の特徴も浮かび上がる。図2をそうした比較に基づいて分類すると以下のようになる。なお、文字ごとの丸カッコ内は、それぞれ順番に、東方ギリシア文字、ラテン語でのアルファベット、発音となる。〈 〉で囲まれた文字は、西方ギリシア文字を指す。「-」は、ラテン語のアルファベットでは1文字では表記できないか、該当する文字そのものの欠如を示す。

① 東方ギリシア文字とほぼ同じ、もしくは類似しており、発音もほぼ同じもの
　・「A（A、A、a）」　・「E（E、E、e）」
　・「⊗（Θ〈⊗〉、-、th）」　・「I（I、I、i）」
　・「K（K・K・k）」　・「N（N、N、n）」
　・「P（P、R、r）」　・「T（T、T、t）」
　・「Y（Y、V、u）」　・「Φ（Φ、-、ph）」

② 東方ギリシア文字とはやや異なるが、同じ文字のローマン・アルファベットに近いもの
　・「L（Λ、L、l）」　・「P（Π、P、p）」
　・「S（Σ、S、s）」

③ 東方ギリシア文字とほぼ同じだが、発音が異なるもの
　・「Γ（Γ、C、k）」（古典ギリシア語では「g」音となる）
　・「M（M、-、ś）」（古典ギリシア語では「m」音となる）
　・「X（Ξ、X、s）」（古典ギリシア語では「kh」音となる）
　・「Ψ（Ψ、-、kh）」（古典ギリシア語では「ps」音となる）

④ 東方ギリシア文字とはやや異なり、発音も異なるもの
　・「日（H〈日〉、H、h）」（古典ギリシア語では「ē」音となる）

⑤ 東方ギリシア文字には存在せず、西方のギリシア文字と同じもの
　・「ᖴ（〈ᖴ〉、V、v）」（発音はラテン語と同じ両唇音の「w」（ウ音に近い））
　・「I（〈I〉、-、ts）」　・「M（〈M〉、M、m）」
　・「Q（〈Q〉、Q、q）」

エトルリア文字	エトルリア文字（後期）	東方ギリシア文字	ラテン文字	発音
A	A	A	A	a
ʙ		B	B	b
⌐		Γ	C	k
◁		Δ	D	d
Ǝ	Ǝ	E	E	e
		〈ᖴ〉	V	v
I	ℋ	〈I〉	-	ts
日	日⊙	H〈日〉	H	h
⊗	⊙⊙	Θ〈⊗〉	-	th
I	I	I	I	i
K		K	K	k
∧	∧	Λ	L	l
ᗰ	m	〈ᗰ〉	M	m
Y	n	N	N	n
⊞		〈⊞〉	-	s
O		O	O	o
⌐		Π	P	p
M	M	M	-	ś
Q		〈Q〉	Q	q
٩	٩	P	R	r
↓	↓	Σ	S	s
T	⁇	T	T	t
Y	V	Y	V	u
X		X	X	ś
Φ	Φ	Φ	-	ph
Ψ	Ψ	Ψ	-	kh
8	8	-	-	f

▲図2：エトルリア文字のアルファベット
※〈 〉内は西方ギリシア文字での表記、「-」は、ラテン語のアルファベットでは一文字では表記できないか、該当する文字そのものの欠如を示す

51

▲図3:エトルリアの書版（幅8.4cm×高さ5.1cm）。前7世紀頃。内側に塗り込めた蠟に刻んで文字を書き、再利用の際には再び蠟を塗り直した

⑥ 西方・東方のいずれのギリシア文字にも存在しない、オリジナルなもの
・「8 (-、-、f)」
⑦ 模範アルファベットに記されているが、エトルリア人が実際には使っていないもの
・「𐌁 (B、B、b)」・「𐌃 (Δ ⟨𐌃⟩、D、d)」
・「⊞ (⟨⊞⟩、-、s)」・「O (O、O、o)」

この分類に基づいて、より詳しく見ていこう。
s音を示すアルファベットは、「𐌔」が「s」の音に、「𐌌」が「sh」の音に、「X」は「ks」の音にそれぞれ近い。k音は3つあるが、aの前には「𐌊」、eとiの前には「𐌂」、uの前には「𐌒」が用いられた。分類③の「𐌂」と⑦からは、b、d、gの有声破裂音とoの音がエトルリア語にはなかったために、それに値する文字は必要がなかったとわかる。b、d、gを持つギリシア語をエトルリア語に転用する際には、それぞれ、p、t、kの無声音へと変えられた。同様にo音は、u音の文字である「Y」で代用された。そうした形跡は、ギリシア語からエトルリア語を通じてラテン語となった「凱旋式triumphus」という単語からわかる。もともとのギリシア語では、Θρίαμβος(thriambos)であったが、エトルリア語を通じてtriumpusへ、そして最終的にtriumphusと変化した。さらに、エトルリア人による「8」という文字の新たな作成は、古代ギリシア語にはないf音がエトルリア語にはあった事実を示す。

興味深いのは、東方ギリシア文字では「Z」に相当する「𐌆」である。この文字は、エトルリア文字に基づくローマン・アルファベットでは採用されていない。ローマ人は、エトルリア語にはないg音を表す文字である「G」を新たにつくった際に、「𐌆」を削除して差し替えた。やがてローマ人がギリシア語の単語を書くようになると、東方ギリシア文字に基づき「Z」の文字をローマン・アルファベットに復活させた。ただし、もともと「Z」があった位置には「G」がすでにあるため、そこには置けない。そこで「Z」はアルファベット表の最後に置かれた。こうして「Z」は現在でも最後に置かれている。エトルリア文字の影響は間接的に現在にまで及んでいると言えよう。

•解読の歴史•

エトルリア人は、エトルリア文字を使って様々

な記録を書き残したにちがいないが、文献史料については、残念ながら現存していない。そもそも、ローマがエトルリアを勢力下に置くと、エトルリア人は自らローマ化していき、エトルリア語ではなくラテン語を使用するようになっていった。こうしてエトルリア語とその文字も廃れていった。

消え去ったエトルリア文字が再発見されたのはルネサンス期であった。かつてエトルリアであった地域に住むトスカーナ人が、15、16世紀にかつての栄えある古代文化に思いを馳せるようになったのである。発掘にともなって出土した考古遺物や碑文にラテン語でもギリシア語でもない文字が見つかり、そのときからエトルリア語解読の歴史は始まった。しかしながらその解読は、容易には進まなかった。

過去の言語を解読する際には、類似関係にある言語との比較を通じて文法を探る手法が一般的に用いられる。しかしながら、エトルリア語にはこの手法が通じなかった。西方ギリシア文字に基づいていて、文字そのものは判読が可能であるにもかかわらずである。大きな問題となったのはエトルリア語が、ヨーロッパの大部分の言語が属するインド・ヨーロッパ語族とも、オリエントの諸言語が属するセム語族とも異なるらしい事実である。これまでも様々な言語との比較が行われてきた。ルネサンス期には、ヘブライ語と親戚関係にあるアラム語だと主張された。当時は、ヘブライ語があらゆる言語の母とみなされた時代だったためである。近代に入っても、他言語との比較からエトルリア語の読解は試みられた。例えば、イタリック語派やフィン・ウゴル語派、コーカサス諸語に属する諸言語などである。それ以外にも、サンスクリット語、アルバニア語、マジャール語、トルコ語、アラビア語なども対象となった。しかし、いずれも成果は挙がっていない。現在のところエトルリア語と似た言語が確認されているのは、エーゲ海北部のレムノス島で出土した石碑のみである（図4）。とはいえ、この石碑だけでは明確な事情はいっさいわからない。

古代の言語の場合には、二言語併記文から読解を進める手法もしばしば用いられる。例えば有名な事例はロゼッタ・ストーンであろう。ギリシア語とヒエログリフで記された同じ法令を記録したこの碑文から、ヒエログリフの読解は大きく進んだ。しかし残念ながらエトルリア語の場合には、二言語併記文を備えた碑文は、ごく短い墓碑のみしか見つかっていない。それらの多くはラテン語との併記文であり、エトルリア人がローマ化していった事実を映し出してはいる。とはいうものの、エトルリア語そのものの解読を大きく進展させうるものではなかった。中部イタリアにあった都市ピルジの発掘調査にて、1964年に発見

▲図4：レムノス島出土の石碑。前6世紀頃。上の行を右から左に読めば、次の行は左から右に読むという牛耕式で記されている。初期のエトルリア文字にも同じ方式が採用されていた

▲図5：黄金板の石膏模型。前500年頃。左の1枚にはフェニキア語が、右の2枚にはエトルリア語が記されている。フェニキアの女神アスタルテとエトルリアの女神ウニに捧げられたもの

された3枚の黄金板（図5）には、2枚にエトルリア語が、もう1枚にフェニキア語が記されており、二言語併記の発見と期待された。けれども、同様の出来事を扱ってはいても内容が異なっており、フェニキア語の本文を基にエトルリア語には訳せないと判明した。これと関連して、長文のエトルリア語はほとんど発見されていないという問題もある。先の黄金板は36もしくは37語で構成されているが、これより単語数が多い文章は現時点で10例にも満たない。加えて単語の多くは固有名詞である。エトルリア語の文章同士の比較によって文法の原則を引き出す研究も、読解に貢献している。とはいえ、文章の短さや固有名詞の多さというこうした条件のために、十分なものとはなり得ない。

それでも、少しずつ読解は進められてきた。例えば神々の名前をはじめとする固有名詞は、ギリシア語やラテン語との比較を通じて同定されてきた（図6）。一例を挙げるとローマの女神ミネルウァは、ラテン語ではMinervaと綴るが、エトルリア語ではMenrvaと綴る。一部の単語も比較を通じて把握できる場合もある。さらに、そうした単語が判明すると、エトルリア語はギリシア語やラテン語と同じく語尾が変化することも分かった。

加えて、近隣の言語との文法的な類似性よりも、表現方法の類似性に着目した読解も行われてきた。同じような表現をする際には近隣の言語と類似するはず、という仮説に基づいて、近隣の言語の表現から推測するのである。この手法を用いれば、短い文章とはいえ、墓碑であるということが読解の手掛かりになる場合もある。ギリシア語やラテン語の墓碑には、埋葬者の名前と享年が「○○は××歳で亡くなった」と記されるのが通例である。これをエトルリア語の墓碑にあてはめれば、「亡くなる」という単語はわかるし、数詞の推測も可能となる。なお数詞に関しては、エトルリア語が記されたサイコロが出土しており（図7）、1から6までの数字は判明している。他にも神殿内の宝蔵品も利用された。こうした宝物には、「○○が私を××に与えた」という形式の文章が用いられ

▲図6：肝臓（模型）。前2世紀末〜前1世紀頃。エトルリア人たちが行った肝臓占いのために参考にしたものとされている。区分されたそれぞれの枠には神々の名前が記されている

▲図7：エトルリアのサイコロ

▶図8：エトルリアの青銅鏡。前300年頃。エトルリアの青銅鏡は、線刻で図像が描かれるのが一般的であった。結婚式のような特別な機会に女性へ与えられたらしく、墓から出土した際には、その埋葬者は女性のみである

55

▶図9：アンフォラ。前7世紀末。高さ37.1cm。
胴体の部分には線刻で動物が描かれている

▲▶図10：納骨容器の蓋。上：前1世紀前半　右：前1世紀
ともに人物像の下に名前と亡くなった年齢が書かれているが、
言語が異なっている。上図は、アウル・レクという人物が35
歳で亡くなったとエトルリア語で記されている（なお、図6に
挙げた占い用の肝臓を手に持っており、この人物は内臓占い師
だったと思われる）。右図にも同じように、アウロ・カエキナ・
セルキアという人物が12歳で亡くなったと記されているが、
その文字はローマン・アルファベットであり、ラテン語で記さ
れている

る。その際に、一人称の代名詞が神殿に贈与されたものを示し、「与える」の完了形の動詞が連なる。こうした他言語の用法との類似から推定していきながら、エトルリア語碑文の単語や文法を解読していくわけである。

このような地道な作業によって解読が進められているものの、まだその全体像が見えているわけではない。それでも、新たに発見され続ける考古資料から、少しずつではあるが読解が進んでいるのは間違いない。

●実際に読んでみよう●

先に述べたとおり、エトルリア語の読解は、近隣の言語の表現方法との類似性に着目して進められてきた。その結果としてエトルリア語は、ギリシア語やラテン語と同じく名詞・代名詞・動詞がそれぞれ異なる語尾をもっており、さらにそれぞれの品詞内でも複数の変化を備えていた、と判明している。例えば名詞であれば、「息子clan」という単語は、「息子は」または「息子を」ならばclan、「息子の」ならばclens、「息子に」ならばclensiとなる。複数形も同じような変化をともなう。代名詞ならば、「私は」はmiであり、「私を」はminiである。動詞は時制と人称ごとに異なる語尾をともなう。現存するエトルリア語の文章で最もよく見るのは、三人称単数過去形の-ceという語尾である。いくつか具体例を見ていこう。

例えば、青銅鏡に記された銘文である。青銅鏡はしばしば副葬品として出土する。結婚のような人生の転機に、特別に贈られたものなのであろう。そうした青銅鏡は、その鏡が誰のものかを示す銘文をしばしばともなっている。その一例が、図8の青銅鏡の中央に記されている「MI THANCVILUS FULNIAL」という文章である。「MI」は先に見たとおり、一人称単数の代名詞「私は」である。ギリシア・ローマでは所有者名を記す多くの遺物が見つかっているが、それらは事物が一人称で誰のものなのかを語り、所有者は「〜の」を意味する属格に変化して表されるという形式を取る。となれば、この銘文もそれにあたると考えられる。「THANCVILUS FULNIAL」は、「タンクウィル・フルニの」という意味となる。そして、ギリシア語・ラテン語と同じく「である」という単語は省略できる。したがって、「私はタンクウィル・フルニのものである」と訳しうる。

類例として、奉納された壺が挙げられる（図9）。首の部分には「MI ARANTHA RAMUTHASI VESTIRICINALA MULUVANICE」という文章が記されている。冒頭の「MI」は、先程と同じく「私は」の意味である。ギリシア・ローマの奉納品には、奉納物が一人称で語る形式を取り、奉納した人物は「〜を」を意味する対格で表される形式を取る場合がある。これに基づけば、「ARANTHA」は奉納者を指す。その後ろの「RAMUTHASI VESTIRICINALA」は奉納された対象であり、「〜に」を意味する与格に相当する変化で示されている。最後の「MULUVANICE」は「奉納する」という意味の動詞だが、語尾の-ceが過去形を示している。したがって、「私はアラントがラムタ・ウェスティリキナイに奉納した」という意味になる。

ここまで見たとおり、こうした読解はギリシア・ローマ人の定型文の類推から行っている。ただし両者が同じ定型文を使ったとしても、ローマ文化はギリシア文化よりも後発の文化である。となれば、ローマ人に先んじてギリシア文化を吸収したエトルリア人は、言語を通じたコミュニケーションにおいてもギリシアからローマへの文化の橋渡しを行ったと言える。先に述べたように、エトルリア人は支配者の言語であるラテン語を積極的に採り入れたため、自分たちのエトルリア文字を用いなくなって廃れてしまう（図10）。それでも、エトルリア文字の歴史的な意義を決して軽視すべきではなかろう。

57

⑦ メロエ文字　古代スーダン

山下真里亜

●メロエ文字とは何か

　メロエ文字とは、現在のスーダン共和国にかつて存在していたクシュ王国（紀元前約1000〜紀元後350年）において使用されていた文字で、メロエ語を書き表したものである。メロエ文字およびメロエ語という名称は、かつてクシュ王国の首都の1つがあったメロエという都市名に由来する。メロエ文字・メロエ語ともにメロエが首都であった期間に使用されていただけでなく、言語については早くともケルマ王国時代（前約2500〜前1500年）から、そして文字については紀元前2世紀頃から、クシュ王国が滅びた後の後4世紀頃まで使用されていたことが知られている。

　メロエ文字は、我々日本人が漢字を中国から借用し、自分たちの言語を書き表すのに使用したように、ヌビア人が古代エジプトの文字であるヒエログリフとデモティックを自分たちの言語を表すのに使用したものである。ただ彼らは単純に古代エジプトの文字を採用したのではなく、自分たちが使いやすいようにアレンジを施した。これはヌビア人が古代エジプトとの長い歴史のなかで、古代エジプト文化を自分たちの文化へ採り入れてきたという事実からもそれほど驚くべきことではない。例えば、ヌビアの墓地に見られる小型のピラミッド群やアムン信仰（エジプトの主神）などが挙げられよう。そのことからこのメロエ文字は、アフリカ大陸において古代エジプト文字に次いで古い文字となったのである。

　ヌビアはたびたび古代エジプトからの侵略を受けてきた。それはヌビアが単に地理的にエジプトと隣接しているからだけではなく、ヌビアが黄金

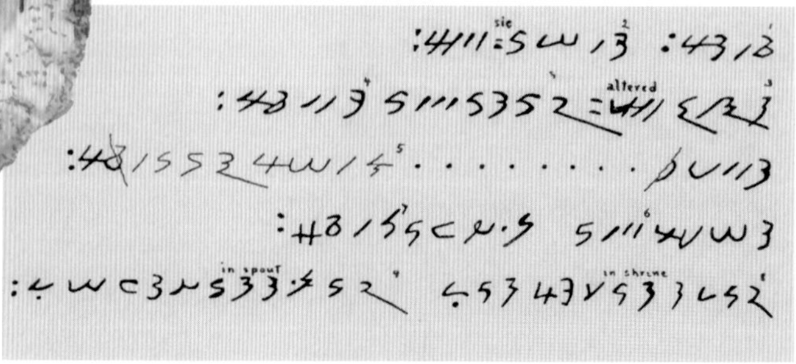

▲図1-1：草書体が刻まれた供物卓
▶図1-2：図1-1の碑文の写し

58　メロエ文字　古代スーダン

▲図2-1：メロエ・ヒエログリフ　　▲図2-2：図2-1の写し

に恵まれた土地であり、またヌビア以南のアフリカと繋がる重要な交易拠点でもあったためである。長い歴史のなかで繰り返された両者の濃密な接触は、しばしば大きな変化をもたらしたのである。なかでも古代エジプトの文化がヌビア文化に顕著な影響を与えたのが古代エジプト新王国時代（前1539年頃～前1069年頃）であった。この時期、ヌビアはエジプトの支配下に置かれており、各所にアムン神殿が建てられたことから、アムン信仰が広がった。またヌビアのエリート層はエジプトにおいてエジプト人同様の教育を受ける機会を得たのである。そのため、ヌビアにおける公用語はエジプト語となり、碑文などのテキストはエジプト語、そしてエジプト文字で書き表されていたのだ。またエジプト側の文書にもたびたびヌビアの土着の言語が確認されるようになった。クシュ王国の支配者がファラオとして古代エジプトの頂点に立った第25王朝では、王の誕生名をあらゆる場所に碑文とともに記す必要があったため、ヌビア土着の言語がそれらのなかに交じり、しばしば見られるようになった。古代エジプト語とエジプト文字を使用していたクシュ王国のエリート層たちであったが、ヌビア人たちは自分たちの言語を書き表すために独自の文字システムをエジプト文字を基にして創り上げたのである。かつて研究者たちの間で、ヌビアの文化が古代エジプトの文化よりも劣っているとみなされていた時代、メロエ文字も同様に欠陥のある文字システムであるとみなされていた。しかしながら、それは時代を反映した研究者たちの偏見や先入観のせいであり、近年ではメロエ文字は古代エジプトのヒエログリフを使用し、理解してきた人々だからこそ、自分たちの言語を表すのに都合のよいよう生み出されたのだと考えられている。

さて、このメロエ文字には2種類あり、1つは古代エジプトのデモティックから作られた草書体であり（図1-1、2）、もう1つは古代エジプトのヒエログリフから作られたメロエ・ヒエログリフである

◀図3-1：草書体が刻まれた供物卓
▼図3-2：図3-1碑文の写し

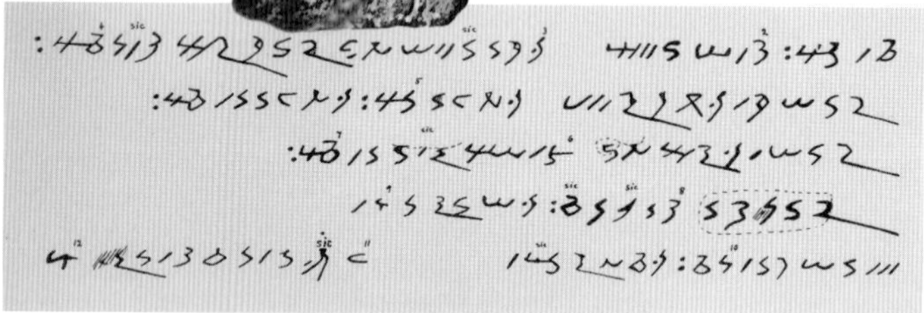

るが、メロエ文字は音節を表しているのだ。

　メロエ文字における、ヒエログリフと草書体の使い分けは古代エジプトとは少し事情が異なる。メロエ・ヒエログリフの使用範囲は非常に限定的であり、支配者層のみしか使用できなかった。メロエ文字の使用開始当初は支配者層の供物卓にもメロエ・ヒエログリフが使用されていたが、徐々にそれも草書体へと変わっていった（図1-1、2・3-1、2）。時間の経過とともに、メロエ・ヒエログリフは神の信仰に関わる事柄のみに使用されるようになったのである。それゆえ、行政文書だけではなく、支配者層の副葬品や葬祭に関わることにも草書体が使用され、草書体の使用範囲は広かった。例外的に支配者層とは関係のない碑文でヒエログリフの使用が確認されているが、それは草書体と混合になっており、リリーはタブーを避けるためにあえて混合にしているようだと指摘している。

　メロエ文字の基本的な解読はすでに済んでいるものの、その碑文読解が先に進まない理由は、メロエ語がいまだ解読されていないからである。次節でその点について具体的に述べていきたい。

　現存する最も新しい碑文として知られているのは、約420年頃のものであると考えられているカラブシャ神殿の柱に刻まれたカラマドエ王の碑文である（図4）。メロエ文字の碑文はREM（Leclant et al. *Répertoire d'épigraphie méroïtique* Paris, 2000『メロエ語碑文解説』）としてまとめて出版されており、その半分は葬祭文書である。

（図2-1、2）。面白いことにメロエ文字は草書体が先に作られ、のちにその草書体を絵文字にしてメロエ・ヒエログリフが作られた。紀元前3世紀後半には徐々にこの独自の文字システムに移行していった。しかしながら、メロエ文字の使用が数多く確認されるのは2世紀の終わり頃である。どちらの書体も23個の記号からなり、またそれに加えて単語を区切る現在のカンマのような記号が存在していた。メロエ文字は、その記号の外観から表意文字と誤解されやすいが、実は表音文字であることが判明している。メロエ文字は、一般的にはアルファベットと認識されているが、メロエ文字研究の第一人者であるC・リリーは、メロエ文字はアルファベットではなく、アルファシラバリーであるというF・ヒンツェの説を支持している。詳しくは下記の「実際に読んでみよう」の節で解説す

•解読の歴史•

　メロエ文字の解読に至る道のりに欠かせない人物として、エジプト学者カール・R・レプシウスとフランシス・L・グリフィスが挙げられる。レプ

シウスは、自らが集めた碑文をまとめ、1849年に *Denkmäler aus Aegypten und Nubien*（『エジプトとヌビアの記念建造物』）として出版した。彼はメロエ文字がアルファベットであるという推測を行っていたが、残念ながら解読までには至らなかった。しかし、この彼の働きがメロエ文字解読への足掛かりとなったことは疑いようもない。レプシウスらが集めた碑文を基に考察および比較を行い、1909年から1911年に解読へとたどり着いたのがグリフィスであった。彼はレプシウスが写したメロエ文字の誤りを指摘し、メロエ文字がエジプト・ヒエログリフとは逆の方向へと読むこと、23個の記号と単語を区切る記号からなるアルファベットであると考え、その音価を突き止めたのである。これには、ワド・ベン・ナガーの神殿にある王名および女王名が、メロエ文字のヒエログリフだけでなく、エジプト・ヒエログリフで刻まれていた二言語併用碑文であったことが幸いした。

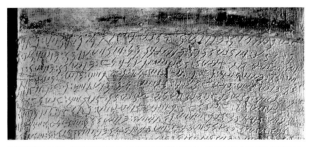

▲図4：カラブシャ神殿の柱にあるカラマドエ王の碑文（一部）

　先述したように、今から約100年前にメロエ文字自体はすでに解読されていたのにもかかわらず、メロエ文字の文書研究が進まないのは、言語であるメロエ語が解読されていないことが最大の原因である。グリフィスの解読により、人物名や地名、神の名やエジプトから借用した単語などは読めるようになったが、エジプト・ヒエログリフのように劇的な文書の解読には至っていない。さらにメロエ語の解読が進まない要因の1つが、他言語・他文字で書かれた対になる碑文等の数が圧倒的に少ないことである。上記で触れたように、グリフィスが解読に成功したのは、王名および女王名がメロエ・ヒエログリフとエジプト・ヒエログリフの両方で書かれていたからである。そこから両者を比較し、メロエ文字を読むことが初めて可能になったのだ。つまり、エジプト・ヒエログリフ解読の端緒となったロゼッタ・ストーンのような二言語併用碑文の発見が望まれるのである。

　さらなる要因は、メロエ語自体がどの語族に属するのかが、近年まで判明していなかったことにある。長年、メロエ語が属する言語グループが分かれば、その言語と比較することにより解読は進むといわれ、研究者たちは競って分析を行ってきた。言語グループ論争は、ドイツの言語学者C・マインホフがハム語説を唱え、それを同じくドイツのメロエ専門家でありメロエ文字がアルファシラバリーであると主張したヒンツェが否定し、その後ヌビアにも造詣が深いエジプト学者B・G・トリガーが1964年に、ナイロ＝サハラ語族の東部スーダン諸語説を唱えたのである。しかしながら、

草書体	ヒエログリフ	翻字	音価
		a	五頭音 /a/ または /u/
		b	/ba/
		d	/da/
		e	/e/ /ə/ または母音なし
		x	/ʕa/
		h	/ʕʷa/
		i	修飾音 /i/
		k	/ka/
		l	/la/
		m	/ma/
		n	/na/
		ne	/ne/ /nə/ /n/
		o	修飾音 /u/
		p	/pa/ または /ba/ ?
		q	/kʷa/
		r	/ra/
		s	/sa/
		se	/se/ /sə/ または /s/
		t	/ta/
		te	/te/ /tə/ または /t/
		to	/tu/
		w	/wa/
		y	/ya/
			単語の区切り

図5：メロエ文字表（Rilly and Voogt〔2012〕, table1.1より作成）

彼らの主張にはそれを裏付ける証拠が少なく、論争の決着とはならなかった。しかし近年、メロエ語研究の第一人者であるリリーは、メロエ語はトリガーが唱えていたナイロ＝サハラ語族の東部スーダン諸語であることを証明した。このメロエ語の言語グループ判明により、今後飛躍的に解読が進むのではないかと期待されている。

・実際に読んでみよう・

　上記で述べたようにメロエ文字はヒエログリフ、草書体ともにそれぞれ23個の記号から成り立っている。書かれる方向は草書体が常に右から左であるのに対して、ヒエログリフに関しては左右どちらからという決まりはなかった。ここで気をつけなければいけないのが、メロエ文字の読む方向はエジプト・ヒエログリフと逆であるということである。具体例を挙げると、エジプト・ヒエログリフでは を右から左、そして は左から右に読むのに対して、メロエ・ヒエログリフは は左から右、そして は右から左へと読み進めるのである。つまり、エジプト・ヒエログリフが記号の顔が向いている方向から（動物や人の記号ではお尻側へと）読むのに対し、メロエ・ヒエログリフは顔が向いている方向へと読み進めていくのである。またメロエ・ヒエログリフは、エジプト・ヒエログリフ同様に縦書きで記されることもあった（図6）。

　上記でも軽く触れたが、メロエ文字はアルファベットというよりも音節を表すアルファシラバリーであり、それぞれの子音は /a/ の音をともなっていた。しかしながら、他の母音がなかったわけではなく、子音に続く母音が /a/ 以外の場合は音を修正するために必要な母音が子音の次に書き表された。また4つの記号（草書体では 、 、 、 ）（ヒエログリフでは 、 、 、 ）は、子音に続く母音が固定されている音節を表している。さらに母音をともなわない、子音のみを表し

▲図6：縦書きのメロエ・ヒエログリフ

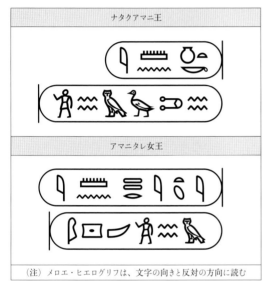

▲図7：エジプトとメロエのヒエログリフ

たいときは /e/ や /ə/ の音も表す（草書体では ら、ヒエログリフでは β の）記号を用いた（図5）。

　それではここからは実際にグリフィスが解読するに至った、メロエ語で書かれた名前を読んでいこう。図7のヒエログリフを図5を参照しながら、読み進めていってほしい。

　まずは王名である。この王名のエジプト・ヒエログリフが でメロエ・ヒエログリフは である。この場合、エジプト・ヒエログリフは左から右へと読み進め（翻字は ntk-jmn、文法上 jmn は先に書かれている）、メロエ・ヒエログリフは右から左へと読み進める。図5を参照しながらメロエ・ヒエログリフを翻字にすると は n、 は t、 は k、 は m、 は n、

は i で、ntkmni となる。それゆえこの王の名前は、各子音の間に /a/ の音を入れて、ナタカマニとなる。ここで注目すべきなのは名前に組み込まれているアムンという神名である。エジプト・ヒエログリフでは で、メロエ・ヒエログリフでは または で表すのだが、メロエ文字では、アムン神を表す際に、この王名のように最初の /a/ の音を表す記号 が省略されることがある。またエジプト語ではアムン（またはアメン）と読んでいたが、メロエ語ではアムン神をアマニと読んでいたとされている。なお、図7ではナタクアマニと表記されているが、エジプト・ヒエログリフを基に音を推測すると、それらは続けて読まずに、ntk と mni で音を分けるとも考えられる。

　次に女王だが、彼女の名前はエジプト・ヒエログリフでは （左から右へと読む）と表され、メロエ・ヒエログリフでは （右から左へと読む）と表された。最初の3文字は先ほどと同様にアムン神を表しており、続く3文字も翻字にすると、mnitore となり、アマニトレとなる。なお、図7ではアマニタレ女王となっているが、近年では の記号は to/tu/ と読むとされていることからアマニトレとなる。

　つぎに草書体を読んでみよう。まず は、右から nob/nuba/ と読むことができる。この言葉は奴隷を意味し、それゆえヌビア人を表すとされている。また は右から ato/atu/ と読み、意味は水である。また は右から amni/amani/ でありアムン神の名を表している。そして最後に は、右から ar/Ara/ と読みホルス神の名前を表している。

　メロエ文字の解読はまだ始まったばかりである。しかし、長い歴史を持つヌビアで使用され続けたこの文字の存在は、いまだ不明瞭なヌビアの諸王国の歴史と文化を明らかにしてくれる可能性を持つだけではなく、エジプトをはじめとした周辺世界の歴史にも新たな光を投げかける大いなる武器となる。

⑧ 古代南アラビア文字　アラビア半島　　　部 勇造

・古代南アラビア文字とは何か・

　イスラーム勃興前の時代に、アラビア半島南西部（現在のイエメンよりやや広い地域）で古代南アラビア語の諸方言を表記するのに用いられた文字を、一括して古代南アラビア文字と呼んでいる。言語には方言差があるので、サバァ語、ハドラマウト語など個別の名称がつけられているが、文字の形体・用法には表記言語の違いによる大きな差はないので、個別の名称はない。ただし、表記の目的や書記材料によって異なる書体には、慣用的な個別の呼称がある。

　古代南アラビア文字は、古代北アラビア文字、エチオピア文字（ゲエズ文字）とともに、南セム文字の下位区分を構成する。これらの文字間では字形が近似しているだけでなく、字母の配列順序にも共通性があり、明らかに北西セム文字に対立する1つのグループを形成している。ちなみに北西セム文字とは、シリア・パレスティナ地方で用いられたウガリト語やフェニキア語、アラム語などの北西セム諸語の表記に用いられた文字で、現在では漢字文化圏以外の世界のほとんどの地域で用いられている文字の祖となった。他方南セム文字という名称は、南（西）セム語派に属する諸語を表記するのに用いられたことによる。アラビア半島の南セム文字が、イスラーム化にともなうアラビア文字（アラム文字系）の普及とともに使用されなくなったのに対して、エチオピア文字だけは現在に至るまで形を変えながらも使用され続けている。

　南セム文字は紀元前2000年紀の半ばかそれをやや過ぎた頃に、北西セム文字の成立からそれほど隔たってはいない時と場所で、原シナイ文字あるいは原カナン文字に遡るアルファベットの祖型から分かれて成立し、その後南方に伝播して発展したのではないかと推察される。南セム文字と北西セム文字との間には、文字の形体や呼称に類似している部分がある反面、異なる部分も少なくないし、字母の配列はまったく異なっている（図1）。北西セム文字との関係は、親子というより兄弟のそれに近いと考えられる。

　学説が二転三転した古代南アラビア文字の上限年代は、考古学調査が進展した結果、現在では紀元前2000年紀末、ことによると前12世紀まで遡るという見解が有力となっている。この時期、ヒトコブラクダの駄獣（パックアニマル）としての利用が始まり、オリエント文明の先進地帯とアラビア半島各地を結ぶ砂漠越えの隊商路が開けた。このルートを通じて、先進文化の諸要素の1つとして文字も伝播したと考えられるのである。

　他方、下限年代について意見の対立はなく、イスラーム化によって『コーラン』の文字であるアラビア文字が普及すると、使用されなくなったと考えられている。資料的に7世紀以降と明確に判断できる使用例はない。ただ10世紀のイエメンの学者ハムダーニーは、この文字に関する知識をなお保持していた。

　古代南アラビア文字は他のセム系諸文字と同じく、1字が1子音を表記する表音文字（アルファ

ウガリト文字
’a-b-g-ḫ-d-h-w-z-ḥ-ṭ-y-k-š-l-m-ḏ-n-ẓ-s-‘-p-ṣ-q-r-ṯ-ǵ-t-’i-’u-ś
フェニキア文字
’-b-g-d-h-w-z-ḥ-ṭ-y-k-l-m-n-s-‘-p-ṣ-q-r-š-t
古代南アラビア文字
h-l-ḥ-m-q-w-s^2-r-b-t-s^1-k-n-ḫ-ṣ-s^3-f-’-‘-ḍ-g-d-ġ-ṭ-z-ḏ-y-ṯ-ẓ
エチオピア文字
h-l-ḥ-m-s^2-r-s^1-q-b-t-ḫ-n-’-k-w-‘-z-y-d-g-ṭ-p-ṣ-ḍ-f-ṗ

▲図1　アルファベットの字母の順序（筆者作成）

翻字	h	l	ḥ	m	q	w	s^2	r	b	t	s^1	k	n	ḫ	ṣ	s^3	f	’	‘	ḍ	g	d	ġ	ṭ	z	ḏ	y	ṯ	ẓ

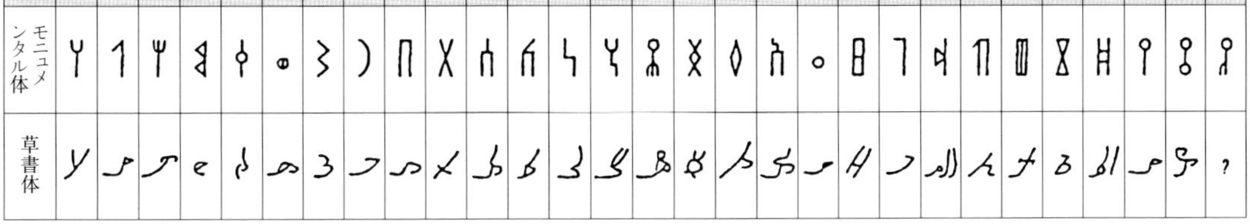

▲図2　古代南アラビア文字表（Robin (1991), p. 130 をもとに作成）

ESA	メフリ語	アラビア語	ヘブライ語
s^1	[ʃ]	s（س）	š（שׁ）
s^2	[ɬ]	š（ش）	ś（שׂ）
s^3	[s]	s（س）	s（ס）

（注）ESA＝古代南アラビア語、メフリ語＝現代南アラビア語の1方言、[ɬ]＝無声側面摩擦音

▲図3　歯擦音の比較（柘植〔1988〕、p. 1717 をもとに作成）

ベット）である。セム系の文字のなかでは唯一、セム祖語の29子音と等しい数の字母を有する（図2）。また3種の歯擦音を区別するのも特徴である。他のセム系諸語の歯擦音との対応関係は図3のようになっており、おおむねメフリ語の歯擦音と等しい音価を持っていたのではないかと考えられる。

書記方向は右から左への横書きが原則であるが、初期の碑文にはいわゆる牛耕式のものも少なくない。まれに縦書きの刻文も存在する。文字は1字ずつ分けて書き、日常使用する草書体の場合

記号	数値	翻字
｜	1	I
Ч	5	ḥ
○	10	ʿ
ꟼ	50	m
𐩣	100	M
⋔	1000	ʾ
⁞	分離記号	⁞

▲図4　数値記号（Calvet & Robin (1997)、p. 90をもとに作成）

でも続け字の例はない。語と語の間は縦線で区切られる。このほかに数字に当たる記号があり（図4）、数値を数詞で記した後に添えられた。ただし紀元後の時代になるとこの方式は廃れ、数値は数詞のみで記されている。

　一般に書体は、書記材料や文の性質・目的によって左右されるほか、年代とともに変化する。また年代差ほど顕著ではないが、地域による差異も認められる。

　これまでに発見・記録された古代南アラビア文字の碑文や刻文の数は1万点以上にのぼるが、その大部分は石、岩壁、金属、土器などの表面に記されている。なかでも石と岩壁が圧倒的に多い。石の場合には、石碑であれ建築物の壁面であれ、多くの人の目に触れさせることと後世まで残すことを目的としているので、石工により洗練された書体で彫られていることが多い。通常「モニュメンタル体」と呼ばれるこの書体は、文字の多くが直立し左右対称に整形されているのが特徴で、牛耕式碑文（行により文字の左右が逆になる）の美観を損なわないための工夫と解されている。現存の資料によれば、この書体の初出例は前8世紀に遡り、次世紀のサバァ王の碑文に至って古典的とも呼べる完成した字形が確立した。直線的で線の太さも一様、装飾性をいっさい省いた簡素な美しさを見る者に感じさせるのが、初期の字形の特徴である（図5）。その後時代が下るに従い、一般的な傾向として装飾性が高まっていく。文字の線は次第に湾曲し、太さにも変化がつけられる。また線の末端にはセリフ（ヒゲ飾り）がつけられるようになり、しかもそれが次第に大きくなっていく（図6）。

　岩壁に記された刻文には、石碑と同様モニュメンタル体で記された磨崖碑文と呼ぶにふさわしいタイプのものと、一般にグラフィトと呼ばれる粗略な書体で短いテキストを記したものとがある。グラフィトに使用されている文字を「カーシヴ（cursive）体」と呼ぶこともあったが、後述の木簡に使用された崩し字もこの名で呼ばれるので誤解を生じやすい。後者が書記材料と表記の目的に応じて発達した一種の草書体で、それなりに洗練された字形であるのに対し、前者は単に文字が拙いか粗略なのであって、両者は本質的に異なる。

　古代南アラビアの文字のみならず言語、歴史の研究にとっても、半世紀近く前より始まった木簡文書の発見は極めて大きな意味を持っている。1970年に最初の2点（図7・8）が発見されてより今日に至るまで、すでに数千点の存在が知られているといわれるが、刊行されたものはまだそのごく一部にとどまっている。大部分はサウダーという村で、かつてのオアシス都市ナッシャーンの遺址から盗掘されたものと考えられている。断続的に骨董市場に出回ったものを欧米の収集家や博物館が購入したため、全体像を把握するのがむずかしい。ほかに、旧ソ連の調査隊がハドラマウトのレイブーン遺跡を発掘した際に出土したものもある。

　多くは10cmあまりから20cmあまり、なかには50cm近くの長さの木の棒や椰子の葉柄に、右から左への横書きで何行にもわたって文字が尖筆で刻まれている。尖筆（図9）はブロンズ製、鉄製、

66　古代南アラビア文字　アラビア半島

▲図5 サバァ碑文 RES 3945 の一部

象牙製、それに木筆の先端に鉛をかぶせたものが発見されているが、象牙の筆で木簡に字を刻むのはむずかしいので、南アラビアにおいても書記材料として蠟板のようなものがあったのではないかと推察される。それぞれの文字は右に傾き、流れるような「草書体」と呼ぶにふさわしい書体で書かれている。ただし続け字の例はない。モニュメンタル体とは明確に異なるこの書体を、欧米の研究者は「小文字（minuscule）体」とか「カーシヴ体」と呼んでいる。年代的には前10/8世紀から後6世紀にまでわたっているといわれるので、古代南アラビア文字が使用された大部分の時代において、この両書体は並存していたことになる。

モニュメンタル体で記された碑文や刻文は、内

▲図6 ヒムヤル碑文 Ir 49。非常に丁寧に浮き彫りされた3世紀の磨崖碑文。現在は壁面から切り取られ、博物館に収納されている

67

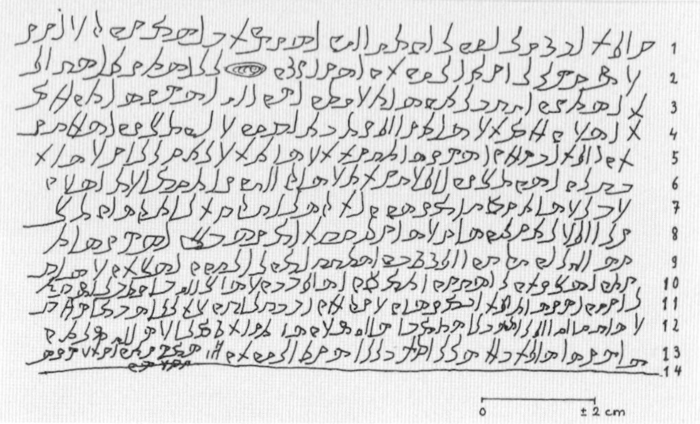

▲図7 木簡 Ghul A. 最初に発見された2点のうちの一つ（リックマンス教授提供写真）
▶図8 木簡 Ghul A のテキストの模写（Ryckmans (1993), p. 44, Fig. I）

容面から、奉献文、誓願・贖罪文、布告・禁止文、戦勝記念碑、建立碑、墓碑、土地境界標などに分けられる。戦勝記録を主な内容とする王や有力首長の事績文の場合、字数が数千に達する長大なものもあり、歴史研究の重要な資料となっている。字形が弁別しやすいだけでなく、構文・文体が定型的なので、解釈は比較的容易である。文はすべて三人称で記されている。

それに対して草書体で記された木簡文書は、字形の差異が曖昧でテキストの判読自体がむずかしいうえに、従来の碑文文法にない要素（特に未知の語彙）が多数含まれているため、解釈は容易でない。内容的には、私的書簡、商用通信文、契約書、人名リスト、おそらく学習用のアルファベット表（図10）などの区別があると報じられている。

なお私的書簡や通信文の出現によって、古代南アラビア語の動詞活用と人称代名詞の一人称と二人称の形が初めて明らかになった。

●解読の歴史

ヨーロッパ人として最初に古代南アラビア碑文に言及したのは、イエズス会のポルトガル人宣教師P・パエスである。1589年にエチオピアに向かう船がアラビア沖で難破して捕えられ、首都のサヌアーに護送される途中に通過したマーリブ（古代のサバ王国の首都）で、解読不能の古代文字を目撃したという記録を残している。その後1810年にドイツ生まれの植物学者U・J・ゼーツェンが、調査を目的にイエメンを訪れた。彼は前世紀の後半、デンマーク王によって派遣された学術調査隊の唯一の生還者C・ニーブールが残した記録を頼りに碑文を探し求め、ザファール（古代のヒムヤル王国の首都）とその近郊で、ようやく何点かを発見した。そして1811年12月にタァイ

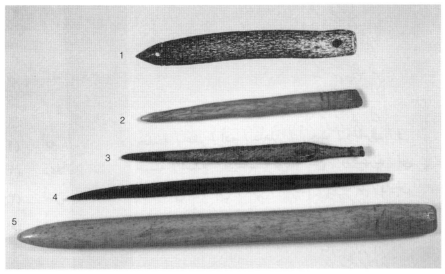

◁図9 木簡に文字を刻む尖筆
1. 先端に鉛をかぶせた木筆
2. 象牙製
3. ブロンズ製、
4. 鉄製
5. 象牙製

▼図10：椰子の葉柄に刻まれたアルファベット表(23文字目まで)、およびその模写と翻字。3行目は冒頭部を繰り返そうとしたが間違えて止めている。おそらく習字の名残であろう（Ryckmans et al. (1994), p. 82, Pl. 5A; pp. 74-75, Pl. 1A-Bをもとに作成）。

1.	h l ḥ m q w š r b t s (k) n
2.	ḥ ṣ ś f ʿ ʾ ḍ g d ġ
3.	h h l

ッズ近くで毒殺される直前に、5点の碑文の模写をヨーロッパに送っていた。こうして古代南アラビア文字は初めてヨーロッパの言語学者の目に触れることになったのである。

しかし碑文解読の最初の手掛かりになったという点で重要なのは、アデン湾に臨むハドラマウトの海岸線調査をしていたJ・R・ウェルステッド等イギリス海軍将校によって、1834年にヒスン・アルグラーブ（古代の交易港カネー）で模写された磨崖碑文（CIH621）であった。1841年にはドイツのW・ゲゼニウスが、この刻文と同じ頃に発見された他のいくつかの碑文の模写を資料として、最初の解読試案を発表した。彼は資料のなかに現れる30の記号（29文字プラス単語分離記号）のうちの20の音価を特定

した。さらに同年、弟子のE・レーディガーによって、新たに3文字の音価が特定された。その後の解読作業は必ずしも順調に進まなかったものの、1870年以降採集された碑文の数が著しく増加したのを受けて、3つの歯擦音の問題は残るものの、29文字すべての音価が、1883年、F・プレトリウスによってようやく確定された。

だが、文字が読めるということと文の意味がわかるということは、まったく別問題である。文の意味を正しく理解するには、文法とともに語彙の意味がわかることが必要である。語彙の解釈に関して、当初は隣接セム語のアラビア語やゲエズ語、さらにはメフリ語やシェフリ語などの（現代）南アラビア語との比較に基づいて語意を推定する方法が採られたが、後にはむしろコンテクスト（文脈）の比較を重視する方法に転換した。そしてA・F・L・ビーストン、J・リックマンス、W・W・ミュラー、M・A・グールという国籍を異にする4名の学者の共同研究の成果として、サバァ語の辞書が1982年に刊行されたことにより、ようやく碑文解釈に共通の物差しが提供された。

一方、草書体テキストの解読作業は現在精力的に行われているが、このタイプの文字の常として、異なる文字の字形が似通ってしまっている例が少なくないので、判読は容易でない。J・リックマンス、W・W・ミュラー、Y・M・アブダッラーという多国籍の3名の学者の共同研究の成果として、1994年に16点の木簡の解読案が発表されたのに続き、2010年にはP・シュタインが、ミュンヘンのバイエルン州立図書館が収集した85点を解読した詳細な研究を発表したことにより、時代による字形の変化や文法がかなりの程度解明された。

•実際に読んでみよう•

先にも記したように南アラビア文字はすべて子音字なので、それで書かれたテキストを然るべき母音を添えていかに読むかという問題は未解決で、いまだに定まった流儀はない。アラビア語流に（特に固有名詞を）読む者が多いが、木簡文書を見ると、古代南アラビア語の動詞活用はむしろゲエズ語（古典エチオピア語）のそれに近い。

まず典型的なモニュメンタル体の例として図5の碑文の一部を読んでみよう。これは前700年前後に在位したカリブイル・ワタルというサバァ王の遠征を記録した石碑である。まとまりのいい節になっている下から2行目を読んでみよう。図表2の文字表と見比べると文字の左右が逆になっているので、この碑文は牛耕式でこの行は文字が左から右に書かれていると判明する。最初の3区切りを翻字すると、hrg hmw/s²ltt/'lfm となる。hrgは動詞「殺した」の三人称男性単数形、それに接続するhmwは人称代名詞の三人称男性複数形、したがってこれで「彼（カリブイル王）は彼らを殺した」となる。次のs²lttは数詞の「3」、'lfmは「1000」なのでs²ltt/'lfmで「3000」。次に数値分離記号に挟まれて「1000」を表す数値記号（数字）が3つ並んでいるから、数詞で「3000」と記した後に改めて数字で同じ数を示しているのがわかる。次のwhrg/'mlkhmwの最初のwは等位接続詞、'mlkはmlk「王」の複数形なので、「また彼は彼らの王たちを殺した」となる。したがってこの行全体では「彼は彼らを3000人殺した。また彼らの王たちも殺した」という意味になる。

次に草書体文字見本として挙げた図表8の最初の2行を翻字すると、以下のようになる。
(1) bdt/rs²yn/'mn/ms¹'dm/w'ttr/w'lmqh/ly
(2) hsḷhnn/lk/n'mtn/wl/ys²mnn/wfyk/wbd
私信冒頭の定型的な挨拶文である。「Ms¹'dmからRs²ynへ。アスタルとアルマカー（ともに神名）があなたに幸いをお恵み下さいますように。またあなたの平安をお守り下さいますように」というような意味になる。詳細な説明は文法の細かな解説が必要なので、省略する。

⑨ ティフィナグ文字　北アフリカ・サハラ　　石原忠佳

•ティフィナグ文字とは何か•

　従来ベルベル語は《ティフィナグ》と呼ばれる独自の文字によって綴られていた。この《Tifinagh》という用語は、"Phoenicians"「フェニキア人」を意味するラテン語の "Punicus" から派生していて、その起源の最も古いものは、「リビア・ベルベル・アルファベット」として知られている。そしてこの文字が紀元前3世紀から紀元後3世紀に、北アフリカのみならず、スペインのカナリア諸島でも使用されていたことが、近年の研究で明らかになった。それ以前の通説では、ベルベル語には文字といわれるものはないと考えられていたため、自らの祖先の言語に文字が存在した事実を認識していないベルベル人は、現在でもかなり多い。したがって、彼らの日常語をあえて表記しようと試みれば、アラビア文字やローマ字表記に依存せざるを得なかった。今日、モロッコ南西部で話されているベルベル語の細分化方言は、「タシルハイト語（俗にシェルハ語）」と呼ばれるが、このシェルハ語を、かつてこの地方ではアラビア文字で表記したり、時にはティフィナグ文字から派生したラテン文字を使って、コミュニケーションをとっていた事実が確認されている。今日この地域に居住する "Tuareg"「トアレグ」と呼ばれるベルベル系住民だけが、自らの話し言葉を綴る際にティフィナグ文字を使うことでも知られている（図1）。

　しかしながら、かつてベルベル人が使っていた日常生活の法規などを定めた文章の痕跡が、10

▲図1：南モロッコのベルベル村落
上：ベルベル人の家屋に書かれたティフィナグ文字（南モロッコTata県）
下：ベルベル村落の女性たち（南モロッコTata県）

▲図2：かつて北アフリカ各地に居住していた人々は、その民族衣装も様々であった

　世紀になって初めて発見され、それらがティフィナグ文字で記されていたことが公にされたことから、「ベルベル語は決して綴られることのない口語であった」というかつての認識が覆ることになった。それ以前の8世紀にスペイン領カナリア諸島でも、実はティフィナグ文字のバリアントで刻まれた碑文が見つかっていた。ティフィナグ文字は絨毯や宝石など、とりわけ女性が日常生活で使っていた調度品などにも記されていて、ベルベル人女性が好んで使用していたことが確認されている。これらの文章のほとんどは「私の名前は……、これは私が親から引き継いだ財産で触れてはダメ……」といった《覚書》形式の内容が多いことが検証されている。

　さらに、今日まで統一された「ティフィナグ文字」が示されなかった理由の1つとして、かつてはベルベル人の居住地域が、西はモロッコからアルジェリア、チュニジア、リビア、そしてエジプトのシーワ・オアシスまで、現在の北アフリカの国々の国境を越えて広がっていて、様々なベルベル語の話し言葉が使われていたことが挙げられる(図2)。

　また現在でもモロッコ、アルジェリア、リビア、マリ、ニジェール一帯で、1600万～3000万ほどの住民がベルベル語を話している。彼らは自らの言葉を「タマジグト語」と呼び、ティフィナグ文字で ⵜⵎⵣⵗⵜ (tamazight) と表記している。今日のティフィナグ文字は、基本的には左から右へ横書きで綴られる。

　今日のアルジェリアでは、ベルベル人は全人口3967万人の19％に相当する700万～800万人を占めているが、カビール系、シャウヤ系、ムザブ系、トアレグ系の4部族に細分化されたベルベル語自体にも、発音上のきわだった違いが確認される（図3）。

　その一方最近の研究では、「統一されたベルベル文字というものはかつて存在したことはなく、それぞれの地域のベルベル系住民が、自らが話すベルベル語の口語を独自の体系に基づいて、文字として残してきた」という仮説が浮上することもある。

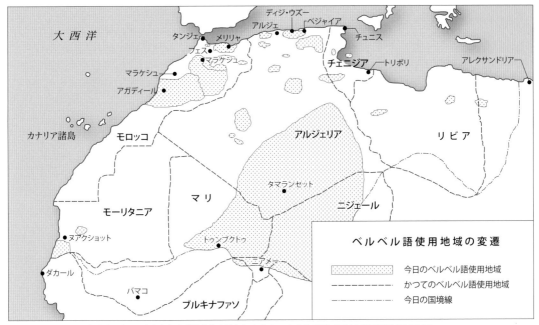

▲図3：ベルベル語の方言は、今日でもさらなる「細分化方言」(subdialects) として北アフリカ各国で話されている

・解読の歴史

——新ティフィナグ文字 （Neo-Tifinagh）の誕生——

　さて、古代のベルベル文字は、「リビア文字」、時には「ヌミディア文字」とも呼ばれ、"Abjad"「アブジャド」と称される文字体系に分類されている。この文字体系に属す文字は、子音のみの表記に用いられ、母音を示す文字がない点で通常のアルファベットとは異なっている。リビア文字は、地中海に面する北アルジェリアから大西洋岸にかけて使用されていた「西部リビア文字」と、アルジェリア東部からチュニジア、リビア方面で使用されていた「東部リビア文字」では、形態が異なっていたことが各地で発見された碑文から確認された（図4・5）。その結果、カナリア諸島で発見された碑文に刻まれた文字は、西部リビア文字の変種として分類された（図6）。

　注目に値するのは、当時の碑文の多くが下から上に綴られていた事実である。歴史上は最初のアブジャドとして知られるのがフェニキア文字であり、このフェニキア文字には、子音を示す22文字のみが存在する。そしてこのフェニキア文字から誕生したのが、古リビア文字（ヌミディア文字）やギリシア文字である。したがって現代の文字体系の多くは、もとをただせばフェニキア文字から誕生したといえる（図7）。

　ティフィナグ文字は、20世紀になってフランス人宣教師シャルル・ド・フコルによって発見されたが、どの地域のリビア文字から派生し、いつの時代から使用されるようになったのか、その起源は不明であった。その一方、ティフィナグ文字のアルファベットは紀元前3世紀に誕生したとの仮説も存在する。ティフィナグ文字はアニグランという人物によって創造されたという神話が、トアレグ系ベルベル人の間で語り継がれてきたことを、フランス人研究者のリベイエ・ローレンスが

▲図4:「原ティフィナグ文字」(Proto-Tifinagh) とされるヌミディア文字が刻まれた刻文

▲図5: 古代ティフィナグ文字が刻まれた刻文

▲図6: 古代ティフィナグ文字が刻まれた刻文

▲図7: サハラ砂漠の洞窟で発見された刻文の解読により、トアレグ系ティフィナグ文字がフェニキア文字に起源を持つことが検証されている

74 ティフィナグ文字　北アフリカ・サハラ

1993年に指摘している。今日「ティフィナグ文字」としてベルベル言語・文化王宮アカデミー (Institut Royal de la Culture Amazighe =IRCAM) が採用しているティフィナグ文字は、以前は「古代ティフィナグ文字」(Ancient Tifinagh)、「リビア文字」(Libyco-Berber)、「サハラ・ティフィナグ文字」(Saharan Tifinagh)「トアレグ系ティフィナグ文字」(Tuareg Tifinagh) など様々なバリアントで綴られていた。また近年に至っては、「新ティフィナグ文字」(Neo-Tifinagh) がフランス国立東洋言語文化研究所INALCO (Institut National des Langues et Civilisations Orientales) のサレム・シャケル教授によって提唱された。

▲図8：最近は街角でもベルベル文字で示された標識を見かける
左：Stop を示す交通標識（北モロッコAl Hoceima県）
右：県境を示す標識（南モロッコTiznit県）

ティフィナグ文字はアラビア文字同様、子音のみを表すとされてきたが、アルジェリア中南部で発見されたティフィナグ文字には /a/、/i/、/u/ を表す母音があることが明らかとなった。1965年に至ると、ベルベル人の若者たちの間で自らのアイデンティティを取り戻すべく、ベルベル文化とベルベル語の回復運動が活発となり、「ベルベルアカデミー」(Agraw Imazighen) が設立された。この協会は1978年に解散を余儀なくされたが、アカデミー自体はその後も、"Agraw Imazighen" の名で有志によって引き継がれ、存続することになった。その活動の一環として、モロッコとアルジェリア両国のベルベル語使用地域を想定して、標準ティフィナグ文字アルファベットの確立が提唱された。一定の表記法がないため、時にはラテン文字、時にはアラ

▲図9：講堂と学長室の方向を示した大学構内の案内板（アルジェリア・Tizi Ouzou大学）

ビア語表記で綴られてきた各地域のベルベル語を、統一ティフィナグ文字をもって表記し、自らの言語を後世に継承するというかつてない試みである。こうした方向性のなかで、幾つかのティフィナグ・アルファベットが提唱されたが、そのなかでもINALCOの提唱した「新ティフィナグ文字」は、ベルベル語が呈する地域性を十分に考慮したものであるとの評価を受けた。その後このアルファベットはIRCAMの言語開発センターCAL (Centre de l'Aménagement Linguistique) によって総括、改造され "l'alphabet Tifinagh-IRCAM" と命名されて、ティフィナグ・アルファベットの規範として認定された。以前にAgraw

Imazighenが提案したアルファベットは、ベルベル語の音韻的側面を十分に考慮したものではなく、各地のベルベル語の地域性を音素にそのまま抽出していることから、音韻論的観点からは適切ではないとして一掃された。

左から右に書かれる新ティフィナグ文字は、各地域で異なるベルベル語の母音を一括して表記する際に不可欠である。こうしてティフィナグ文字はモロッコにおいて2003年9月以降、小学校でのベルベル語教育の場に導入されることになった。ベルベル語が国家によりこのような形で正式に認定されたことはかつて一度もなかった。以前の時代においては、ベルベル・ナショナリズムの高揚を制圧する意図から、交通標識でさえベルベル語で表記することは禁止されていた現実を考えれば画期的な決断である。今日のモロッコにおけるベルベル語使用地域では、上にアラビア語、下にティフィナグ文字を記した交通標識を見かけることも稀ではない（図8）。さらに大学などの教育関連施設では、アラビア文字、ティフィナグ文字、フランス語の3つで示された標識を目にする機会も少なくない（図9）。

文字	発音
ⴰ	a

文字	発音
ⵉ	i

文字	発音
ⵓ	u

▲図10：IRCAM　母音を示すティフィナグ文字

文字	発音
ⴱ	b
ⴳ	g
ⵊ	j
ⵎ	m
ⵕ	ṛ
ⵜ	t
ⵣ	z
ⵅ	x/kh

文字	発音
ⴷ	d
ⴳⵯ	gW
ⴽ	k
ⵏ	n
ⵙ	s
ⵟ	ṭ
ⵥ	ẓ

文字	発音
ⴹ	ḍ
ⵀ	h
ⴽⵯ	kʷ
ⵇ	q
ⵚ	ṣ
ⵡ	w
ⵄ	ʻ/ε

文字	発音
ⴼ	f
ⵃ	ḥ
ⵍ	l
ⵔ	r
ⵛ	š/č
ⵢ	y
ⵖ	ġ/h

▲図11：子音を示すティフィナグ文字

文字	発音
ⴻ	ə

▲図12：補助的母音を示すティフィナグ文字

• 実際に読んでみよう •

ベルベル語の発音には、アラビア語と同様にḍ、ṣ、ṭなどの「強勢音」や、喉の奥で発音されるḥやεの発音がある。2003年にINALCOによって提唱された「新ティフィナグ文字」は、こうした発音を最も忠実に反映すると考えられていたが、IRCAMは2013年8月の段階で、まずは32のティフィナグ文字を公式に採用する方針を明らかにした。この32文字のうち、母音を表すものは3つ（図10）、また子音を表す文字は29（図11）ある。さらにベルベル語には、3つの子音の連続を回避するために挿入される文字がある（図12）。この文字は補助的母音を示すため、音価的には［ə］が対応する。アルジェリアや北モロッコで話されているベルベル語の細分化方言をティフィナグ文字で綴る際に、この補助的母音が挿入される。

例えば、「こんにちは」はベルベル語で“azul”と発音されⴰⵣⵓⵍと綴られる。また「ありがとうございます」“tanmmirt”はⵜⴰⵏⵎⵎⵉⵔⵜとなる。さらに「夏」は、標準ベルベル語でⴰⵏⴱⴷⵓ（anbdu）

発音	東部リビア文字	西部リビア文字	ティフィナグ文字	新ティフィナグ文字	IRCAM
A		・	・	○	○
B	⊙ ⊕	⊕	⊕ ⊞	⊕	⊖
C	⋛ ⋗	⋗	Ↄ	Ↄ	Ↄ
D	⊓	⊓	∧∨	∧	∧
Ḍ		E	EƎ	E	E
E				⁝	⁝
F	⋈⋈	⋈	⋈	⋈	⋈
G	⌐	⌐	⌐⋈	⋈	⋈
Ğ	⋮	⋮		⋈	
H	≡ ‖‖	≡	⋮⋮	Ø	Ø
Ḥ		⋯		入	入
I		ξ	ξ	Σ	ξ
J		Ⱶ	♯	I	I
K	⇐	⇐	∴	尺	尺
L		‖	‖	‖	Ⲁ
M	⊐)	⊏	⊏	⊏	⊏
N	ǀ	ǀ	ǀ	ǀ	ǀ
Q	⁝	⁝	⋯	⊠	⊠
R	□○	○	○	○	○
Ṛ				⊘	Ǫ
S	⋈∞⋈	⋈	⊙	⊙	⊙
Ṣ	⊢	⊢		⊘	⊘
T	+ ✕	+	+	+	+
Ṭ	⊢ E	⊢ E	E	E	E
U		⋮	⋮	⋮	⋮
W	=	=	=	∪	∪
X		∷	∷	⋈	⋈
Y	⋛⋚	⋚	⋚	⊓	⊓
Z	—	⋇	⋇#	⋇	⋇
Ẓ	ⅲ	ⅲ	#⋇	⋇	⋇
GH	⁝	⁝	⁝	Ч	Ч

▲図13：ティフィナグ文字の変遷

であるが、アルジェリアではnとbの間に補助的母音əが挿入されて ⴰⵏⴱⴷⵓ (anəbdu) と綴られる。標準ベルベル語の「食事」はⵜⵉⵔⵎⵜ (tirmt)、アルジェリアではⵜⵉⵔⴰⵎⵜ (tirəmt) となる。

以上のティフィナグ文字のみでは、トアレグ系ベルベル人特有の破擦音やその発音に対応するティフィナグ文字を表出できないため、IRCAMはバリアントとして、後に以下の23文字も設定している。(図14)

ではIRCAMが公式にティフィナグ文字を設定する2013年以前には、どのような文字の変種が存在していたのであろうか。その一例を挙げると、古代ティフィナグ文字では、/b/を示すのに縦書きでは⊙、横書きでは⊡をあてていた。トアレグ系ティフィナグ文字では⊕と綴られたが、今日IRCAMでは⊖を採用している（摩擦音を示す場合には⊕を、バリアントとして採用している）。また古代ティフィナグ文字の/m/は、縦書きで⊐、横書きでは⌣あるいは⊔となり、今日のIRCAMで⊏となった。なお今日のトアレグ系ティフィナグ文字では⊏を使用している。さらに興味深いのは、①/f/を示す際に古代ベルベル語では⋈を使用していたが、今日のIRCAMでは/g/に対応する文字が⋈である。②/s/を示す際に、古代ベルベル語では⋈

を使用していたが、IRCAMでは /s/ に対応するのは ⊙ である（図13）。

　こうしたティフィナグ文字の変遷を辿るにあたっては、今日でも使用されているトアレグ系ティフィナグ文字のみならず、碑文に刻まれた東部リビア文字や西部リビア文字も示して、年代や地域格差を比較対照する作業が不可欠である。図13は、IRCAMが提唱したティフィナグ文字アルファベットの成立に至るまでの過程を簡略化して示したものである。

　さて、実際に文面に綴られたティフィナグ文字として、「世界人権宣言」(Universal Declaration of Human Rights) を採り上げることができる（図15）。この宣言が採択されたのは、1948年12月10日に開催された第3回国連総会の席上であり、条文は300以上の言語に翻訳された。以下はモロッコのRéseau Amazigh pour la Citoyenneté（市民権を守るためのベルベル人ネットワーク）が用意した草稿のうち、条項1を抽出したものである。

翻字

Imdanen akken ma llan ttlalen d ilelliyen msawan di lḥweṛma d yizerfan-ghur sen tamsakwit d laquel u yessefk ad-tili tegmatt gar asen. (補助母音 ǝ の表記を ǝ とせず e で表出している。)

日本語訳

　すべての人間は、生れながらにして自由であり、かつ、尊厳と権利とについて平等である。人間は、理性と良心とを授けられており、互いに同胞の精神をもって行動しなければならない。

　ティフィナグ文字を併記したベルベル語辞典は、世界各国でいまだ発刊されていない。まず第1の理由は、ベルベル語の地域格差があまりにも多く、標準ベルベル語を確定してそれを文字化する作業が進んでいないこと。次に、今日までベルベル語が直面していた言語政策上の状況である。ベルベル語が教育の場に導入されたのは2003年になってからで、モロッコ王国が国家としてティフィナグ文字を使った教育を公式に認可したのは、遅まきながら2011年の憲法改正の時点である。したがって、「話し言葉の文字化」は今日でも困難を極める作業である。とりわけ4つの子音が連続する語を扱う際に、どのような規則に基づいて母音を挿入するかについては、ベルベル研究に携わる学術機関においても、様々な議論が巻き起こっている。いずれにせよ、憲法改正によって言語規制が緩和された今日、ベルベル人の言語や文化にまつわる研究は、今後どのような方向性を辿るのであろうか。

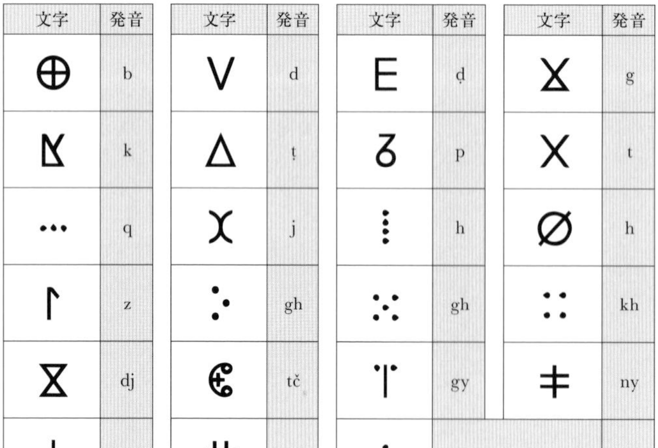

文字	発音	文字	発音	文字	発音	文字	発音
⊕	b	V	d	E	ḍ	X	g
K	k	△	ṭ	ʒ	p	X	t
⋯	q	X	j	⋮	h	∅	h
⌐	z	∴	gh	∷	gh	∷	kh
X	dj	☉	tč	⋮	gy	≠	ny
!	ng	#	z/ẓ	⋮	q/h/kh		

▲図14：IRCAMによるバリアント

▲図15：「世界人権宣言」

10

ルーン文字

北欧・ヴァイキング

小澤 実

•ルーン文字とはなにか•

ルーン文字とは、もともとゲルマン語圏で広く用いられていた、直線を組み合わせて描かれる線刻文字である。その起源については、これまで、その文字の形状からエトルリア文字やギリシア文字など先行する様々な文字との関係が示唆されてきた。しかし現在の研究によれば、このルーン文字とは、紀元後2世紀頃におそらくはユトランド半島の南部で、隣接するローマ帝国の文字であるラテン・アルファベットの影響を受けながら生み出された文字であった、とされている。

出現当初のルーン文字は、24の文字から構成されていた（図1）。これらは、最初の6文字をとってフサルク（fuþark）、とりわけ700年頃以降に用いられるようになる文字数の異なるルーン・アルファベットと区別して、古フサルク（the older fuþark）と呼ばれる。こうしたルーン文字は、パピルスを持たないゲルマン世界の書記媒体である木材・石材・金属に刻みやすいように、直線を組み合わせた形状をとっていた。現在伝来する400ほどの事例のほとんどは、武器や金属片に刻まれた短い単語にとどまっている。例えば、4世紀から6世紀の民族移動期に、ローマのブローチを模してゲルマン人の間で作成されたブラクテアットと呼ばれる装飾ブローチに見える事例が代表的である（図2）。古フサルクが用いられていた時代のゲルマン世界は、文字それ自体が珍しく、その文字を使う人も限られ、なおかつ文字それぞれに特別な意味が付与されていたこともあり、ルーン文字を刻むという行為には呪術的な効果が期待されていたことが予想される。この時代のルーンの利用は、社会において極めて限定されていた。

キリスト教の受容にともなうラテン・アルファ

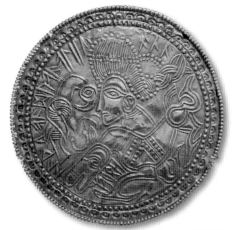

▲図2：フュン島出土のブラクテアット（デンマーク国立博物館DR BR42をもとに作成）

ᚠ	ᚢ	ᚦ	ᚨ	ᚱ	ᚲ	ᚷ	ᚹ	ᚺ	ᚾ	ᛁ	ᛃ	ᛇ	ᛈ	ᛉ	ᛊ	ᛏ	ᛒ	ᛖ	ᛗ	ᛚ	ᛜ	ᛟ	ᛞ
f	u	b	a	r	k	g	w	h	n	i	j	ï	p	z R	s	t	b	e	m	l	ŋ ng	o	d

▲図1：古フサルクの文字列

ᚠ	ᚢ	ᚦ	ᚨ	ᚱ	ᚴ	ᚼ	ᛁ	ᛁ	ᛏ	ᛋ	ᛏ	ᛒ	ᛘ	ᛚ	ᛦ
f	u	þ	ą	r	k	h	m	i	a	s	t	b	m	l	ʀ

▲図3:新フサルク(左：長枝ルーン、右：短枝ルーン)

ベット圏の拡大とともに、ルーン文字が利用される空間は徐々に限定された。8世紀の時点においてルーン文字が用いられていたのは、北欧とその影響圏、イングランド、低地地方のみであった。空間の限局は、ルーン文字それ自体にも変化をもたらした。北欧、イングランド、低地地方それぞれでは異なるルーン文字が用いられるようになった。とりわけ北欧では、文字数が従来の24から16に縮減する大きな変化がおこった（図3）。これは北欧語における音韻の変化に合わせた変化であると考えられている。新フサルク(the younger fuþark)もしくはヴァイキング・ルーンと呼ばれる16文字からなるルーン文字は、北欧を出自とし海外に展開するヴァイキングの活動とほぼ時期を同じくして出現した結果、彼らが拡大した地域においても用いられることになった。北欧内でも、デンマークを中心に見られる長枝ルーンと、線の長さを短縮した短枝ルーンといったような地域的偏差をみてとることができる。

750年頃から11世紀半ばの300年はヴァイキングの活動期であるとともに、ルーン文字の最盛期でもあった。古フサルクの利用範囲が社会的に限定されていたのに対して、ヴァイキングによる新フサルクは生活の様々な場面で利用された。この時代においてルーン文字は、すでに呪術的意味を込められた特別な用途のための文字ではなく、日常のコミュニケーション道具として機能した。特別な集団に利用者が限定されていた民族移動期と異なり、一定範囲の階層のなかではルーン文字を利用することができるようになっていた。以前と同様に、武器や護符に刻まれることもあったが、それ以外の場所でも用いられるようになった。とりわけ、死者を記念する碑であるルーン石碑の建立が、10世紀から11世紀にかけて北欧内で一種の流行となった。現在3000基ほどが伝わるこのルーン石碑には、「XがYを記念してこの石を建てた」とする死者を記念する定型句とともに、建立者や死者の社会的立場や死者が生前に行った行為など、ヴァイキング社会の様々な側面を伝える情報が含まれていることもある（図4）。

ヴァイキング時代が終わりを迎えるとともに、ルーン文字の利用も変化を迎えた。北欧にもキリスト教が定着し、ルーン文字からラテン・アルファベットが用いられることが多くなった。しかし、中世においてルーン文字がまったく消滅したわけではない。文字数を16から30以上に増加させた中世ルーン文字が、様々な場で用いられた(図5)。ラテン・アルファベットが最も浸透していると思われる教会においても墓碑や鐘や洗礼盤の銘文をルーンで記すことがあったし、商業取引の場でも顕著な事例を確認することができる。中世ノルウェーの王都ベルゲンのブリッゲン地区では、戦後、ルーン文字が刻まれた600以上もの木簡が出土した（図6）。商取引に使う荷札だけでなく商人

| a | B | c | d | Ð | ð | e | f | g | h | i | k | l | m | n | o | p | q | r | s | t | u | v | y | z | æ | ø |

▲図5:中世ルーン

ᚠ	ᚢ	ᚦ	ᚨ	ᚱ	ᚴ	ᚼ	ᛘ	ᛁ	ᛅ	ᛋ	ᛏ	ᛒ	ᛘ	ᛚ	ᛦ
f	u	þ	ą̊	r	k	h	m	i	a	s	t	b	m	l	R

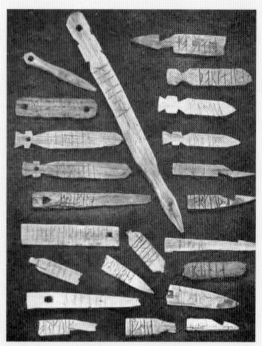

▲図6：ブリッゲン木簡

▲図4：ルーン石碑（スウェーデン・ウップランド・リングスベリ U240）
▶図7：ルーン暦（オラウス・マグヌス『北方民族文化誌』より）

社会を垣間見ることのできるテキストもあった。その後ノルウェーのオスロやデンマークのリーベといった中世都市でも、ルーンが利用された痕跡が発見されている。教会の碑文やルーンによる暦も存在した（図7）。他方で、知識人の一部の間でもルーン文字は理解されていた。1300年頃に全編ルーン文字で書かれた『ルーン写本（Codex Runica）』には、中世デンマークのスコーネ地方の地域法である「スコーネ法」がルーン文字で記録されている（図8）。北欧の中世社会は、すべての文字がラテン・アルファベットに取って代わられたわけではなく、様々な層においてルーン文字も継続的に利用されていた二重文字社会であった。

近世以降、ルーン文字の利用は廃れたと思われていたが、民間レヴェルではいくつかの証言を得られる。19世紀の段階においてもスウェーデンのダーラナ地方では、ルーン文字で記された暦がなお利用されていたという記録がある。加えて、19世紀後半以降は、ルーン文字が別の文脈で用いられるようになる。ある特定のサークルにおいては、ルーン文字はゲルマン人独自の神聖な文字であるとの特殊宗教的理解を付与されるようになり、グイド・フォン・リスト（1848〜1919年）の『ルー

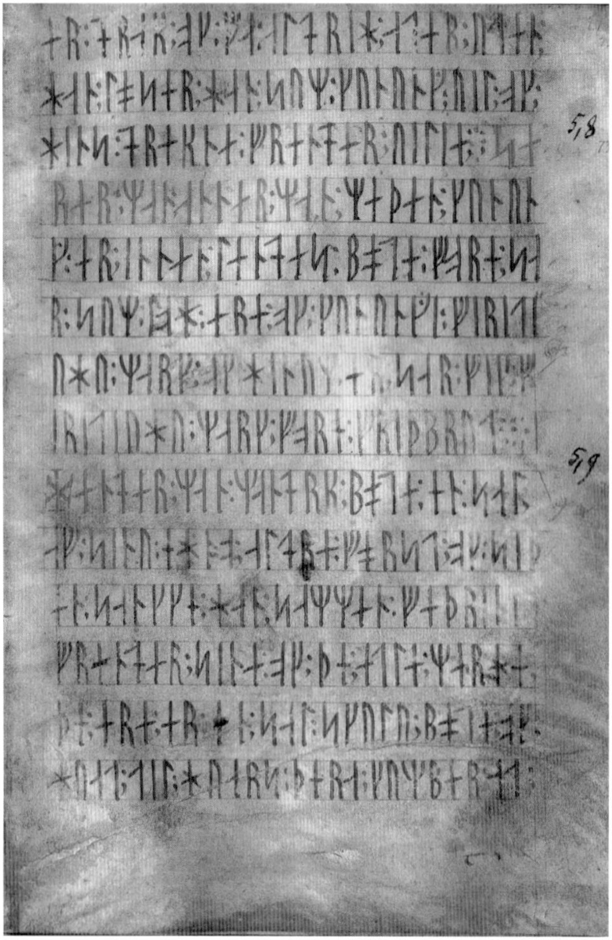

▲図9：親衛隊の指輪
◀図8：『ルーン写本』

ンの秘密』（1905年）は、ゲルマン語圏における民族主義的なルーン文字利用の嚆矢となった。とりわけナチズムにおいては、アーリア人の用いる神聖な文字と考えられたルーン文字が、親衛隊（SS）のシンボルとしても利用された（図9）。現在でもなお、ルーン文字に特殊な意味を込めて利用する宗教思想家や占い師は多数存在する。彼らのルーン文字理解は、言語史的に正しいとは言えないが、近現代における受容の1つのあり方である。

●解読の歴史

　すでに述べたように、ルーン文字は細々とではあるが2世紀の成立以来現在まで用いられ続けてきた文字である。そのため、他の古代文字のように、特別な解読作業を必要としているわけではない。ここでは、いったん生活空間での利用が途絶えたと思われる16世紀以降のルーン文字研究の歴史を振り返ってみたい。

　ルーン文字の再発見は16世紀に始まった。もちろん、ルーン石碑は北欧のあちこちに雨ざらしで立ったままとなっており、北欧人は日常的にルーン文字を目にしていた。しかし、このルーン文字はいつから使われていたのか、そしてどのような役割を果たしてきたのかといった情報については不明であった。このように、各地に遍在しながら謎の文字であったルーン文字に対する関心が高まったのは、ゴート・ルネサンスと呼ばれる動きである。16世紀は、ヨーロッパにおいて自国と自民族の過去に対する関心が極端に高まった時代であり、各国が現在の歴史と古代の歴史をつなげようとやっきになっていた。ギリシア文明ともローマ帝国とも無縁の地であった北欧は、自国の歴史の独自性を見出すために、ゲルマン人の一派であるゴート人の存在に注目した。ゴート・ルネサンスとは、こうしたゴート人の活動や歴史を「再現」しようとする文化運動である。その中心人物がスウェーデンのヨハンネス・ブレウス（1568～1652年）とデンマークのオラウス・ウォルミウス（1588～1654年）である。彼らは、お互いに対抗心を持ちつつ、自国のルーン石碑のデータを収集しカタログ化を進めた。結局、両者の生前に完成に至ったのは石碑数の圧倒的に少ないデンマークのみであったが、その後スウェーデンでは、ブレウスの収集データを基にして18世紀におおよそのカタログが完成した。

　19世紀に入り、比較言語学の進展とゲルマンの過去に対する関心が高まると、近代的な文献学の作法に基づくルーン文字の研究が盛んになった。グリム兄弟の弟ヴィルヘルム・グリム（1786～1859年）は『ドイツのルーンについて』（1821年）という研究を刊行し、ルーン文字に対する関心を喚起した。デンマークのルズヴィ・ヴィマー（1839～1920年）は、デンマーク内のルーン碑文のカタログを準備し、それに基づくルーン碑文研究の基礎を作った。19世紀の後半から20世紀にかけて、まずはデンマーク、ノルウェー、スウェーデンの各国ではルーン碑文のナショナル・カタログの編纂が進められ、その後、ドイツ、イングランド、アイルランド、アイスランドといった諸地域におけるカタログも入手可能となっている。現在、ストックホルムの国立博物館、コペンハーゲンの国立博物館、オスロの文化史博物館では、毎年当該国で発見される新規ルーン碑文の登録を行い、各大学機関でもウェブ上でのカタログ化が進められている。現在の私たちは、容易に世界中のルーン碑文を目にすることができる。

●実際に読んでみよう

　ここでは、最も著名なルーン石碑の1つ、大イェリング石碑（DR42）を実際に解読してみよう。

　デンマーク・ユトランド半島中部の小村イェリングには、2つのルーン石碑が建っている（図10）。一方は高さ1m強の直方体、他方は2.4mの三角錐の形状をとる。現在、世界遺産の一角を占める石碑である。数あるルーン石碑のなかでこれらの石碑が名を馳せるのは、現在のデンマーク王室につらなる最古の王たちが建立した石碑だからである。小石碑はゴーム老王が妻チューラのために、大石碑は彼らの息子ハーラルが両親のために建立した。図版に見えるように、大石碑は、三角錐のそれぞれの面（A、B、C面）にルーン文字が刻まれており、加えてそのうち1つの面（B面）にはイェリング獣と呼ばれる動物が、もう1つの

面(C面)にはキリストの磔刑像が描かれている(図11・12・13)。その3面にわたりルーン文字は次のように記されている。

〔A〕 ᚼᛅᚱᛅᛚᛏᚱ ᛬ ᚴᚢᚾᚢᚴᛦ ᛬ ᛒᛅᚦ ᛬ ᚴᛅᚢᚱᚢᛅ
ᚴᚢᛒᛚ ᛬ ᚦᛅᚢᛋᛁ ᛬ ᛅᚠᛏ ᛬ ᚴᚢᚱᛘ ᚠᛅᚦᚢᚱ ᛋᛁᚾ
ᛅᚢᚴ ᛅᚠᛏ ᛬ ᚦᚭᚢᚱᚢᛁ ᛬ ᛘᚢᚦᚢᚱ ᛬ ᛋᛁᚾᛅ ᛬ ᛋᛅ

〔B〕 ᚼᛅᚱᛅᛚᛏᚱ (᛬) ᛁᛅᛋ ᛬ ᛋᚭᛦ ᛫ ᚢᛅᚾ ᛫ ᛏᛅᚾᛘᛅᚢᚱᚴ
〔B〕 ᛅᛚᛅ ᛫ ᛅᚢᚴ ᛫ ᚾᚢᚱᚢᛁᛅᚾ
〔C〕 ᛫ ᛅᚢᚴ ᛫ ᛏ(ᛅ)ᚾᛁ (᛫ ᚴᛅᚱᚦᛁ ᛫) ᚴᚱᛁᛋᛏᚾᛅ

これをラテン・アルファベットに転写すると次のように置き換えられる。

〔A〕 haraltr: kunukʀ: baþ: kaurua kubl: þausi:

▲図10:大イェリング石碑(デンマーク・イェリング、DR41とDR42)

▶図11:DR42のA面
▼図12:DR42のB面

▶図13:DR42のC面

84 ルーン文字 北欧・ヴァイキング

aft: kurm faþur sin auk aft: þaurui: muþur: sina: sa haraltr（:）ias: sɐʀ * uan * tanmaurk
〔B〕ala * auk * nuruiak
〔C〕* auk * t（a）ni（* karþi *）kristnạ

　書記言語は古アイスランド語なので、その文法に従えば解読はできる。古アイスランドの正則表記に調整すれば、以下の通り。

〔A〕Haraldr konungR bað görva kumbæ þausi aft Gorm faður sinn auk aft Þórví móður sína. Sá Haraldr es séR vann Danmörk
〔B〕alla auk Norveg
〔C〕auk dani gærði kristna

　主語は「ハーラル王は」(haraltr [Harald+主格のr]：kunukR [konung+主格のr])、動詞は「建てさせた」(baþkaurua [bað görva])、目的語は「この記念物を」(kubl: þausi [kumbæ þausi])である。その後に、「その父ゴームとその母チューラを記念して」(aft: kurm faþur sin auk aft: þaurui: muþur: sina [aft Gorm faður sinn auk aft Þórví móður sína])が続く。以上の部分は、「XがYを記念して（aft）この記念物を建てさせた（baþ: kaurua）」というルーン石碑の定型句である。
　興味深いのは以下である。「これなるハーラル」(sa haraltr [Sá Haraldr])の後に主格の関係代名詞（ias [es]）を置き、その後に「彼自身でデンマーク全体を獲得し」(sɐʀ * uan * tanmaurk [B] ala [séR vann Danmörk alla])、「そしてノルウェーも（獲得し）」(auk * nuruiak [auk Norveg])、「そしてデーン人をキリスト教徒にした」(* auk * t（a）ni（* karþi *）kristnạ [auk dani gærði kristna])と続いている。大イェリング石碑は、一見すると両親を記念するルーン石碑であるにもかかわらず、定型句の後に付加された部分は、建立者であるハーラルが、この石碑を建立した時点で達成していたと考えられる3つの歴史的事績を記している。おそらく、ノルウェー征服とデンマークのキリスト教化という第2、第3の事績は、B面の雄々しいイェリング獣とC面のキリスト磔刑像というそれぞれの図像内容に対応している。両親を記念する形式をとりながら、実際は、建立者であるハーラル自身の事績を顕彰かつ周囲に告知する内容となっている点で類例のない碑文である。
　以上がテキスト内容の解読である。しかしルーン石碑を理解するためには、テキスト内容以外の要素も考慮する必要がある。第1に、テキストが刻まれた石材それ自体の意味である。大イェリング石碑は、すでに述べたように、高さ2.4mの、例外的に大きく印象的な形状をとる。第2に、背景図像と装飾である。大イェリング石碑は、テキスト部分の周辺に草模様が丁寧に刻まれ、なおかつ、すでに確認したようにB面とC面には図像が描かれている。現在では無色となっているが、建立当時はおそらく美しく彩色されていたことだろう。第3に、石碑が設置された場所である。16世紀に土中から再発見されたこともあり、本来、イェリングのどこに設置されていたのかはわからない。しかし、イェリングという空間それ自体が、父ゴームが埋葬され、かつデンマーク・イェリング王権の拠点を置いた記憶の場であり政治的中心地である。イェリング王権の親類縁者のみならず、デンマークや北欧の有力者、さらには外国からの使節もこの場を訪れたことだろう。そして彼らはいずれもこの大イェリング石碑を目にしたはずである。そうした視認のために最も適切な場を選んで建立されていたであろうことは予想してもよい。
　ルーン石碑は人に見られ、共同体のなかで記憶されて初めて機能する石碑である。そのためには、どのようにすればテキスト内容が効果的に視認する人に訴えかけるかを計算して、テキスト内容やその他の情報を石碑に配置せねばならない。ルーン石碑を「読む」とは、視覚情報や体感情報も合わせて、「読む」ということである。

85

11 ブラーフミー文字 　古代インド

森 雅秀

●ブラーフミー文字とは何か●

　インドの古代文字として、おそらく最もよく知られているのはインダス文字（図1）であろう。世界最古の文明の1つインダス文明が文字を有していたことは、歴史の教科書などで必ず紹介されている。印章と呼ばれる小さな石版に、記号のように刻まれた文字の写真を見る機会も多い。しかし、インダス文字は現在でも未解読であり、その言語学的な系統すらわかっていない。そして、インダス文明が滅びたといわれる紀元前1500年頃には文字も姿を消し、再びインドの言語や文字の歴史のなかでよみがえることはなかった。後世に与えた影響は皆無であったと考えてよい。

　その後、およそ1000年以上の空白を経てインドに現れたのがブラーフミー文字（図2）である。ブラーフミーという名称はヴェーダ文献などに登場する宇宙の根本原理であり、後には至高神の1人となるブラフマン（梵あるいは梵天）とのつながりを示している。我が国に伝わるブラーフミー系の文字を梵字と呼び、それによって表記されたサンスクリット語が梵語と呼ばれるのもそのためである。

　ブラーフミー文字は古代インドにおける最も重要な文字であるばかりではなく、現在に至るまで

▲図1：インダス文字（ハラッパー出土、インド国立博物館）
▶図2：祇園精舎の布施の場面とブラーフミー文字によるその銘文

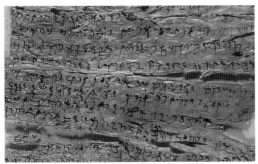
▲図3：カローシュティー文字（大英博物館）

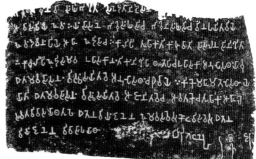
▲図4：アショーカ王碑文（サールナート）

インドはもちろん、スリランカ、ネパール、チベットなどの南アジアの周辺地域、さらには東南アジアのほとんどの地域の文字の祖先となった文字である。アジア全体を考えても、漢字を中心とした東アジアや、アラビア語やペルシア語などで代表されるアラビア文字系の西アジアと並び、巨大なブラーフミー文字圏を形成し、その領域の広大さや話者の数において、前の2つをおそらくしのぐであろう。人類が生み出した文字のなかでも、圧倒的な広がりを持った文字の1つなのである。

インドの古代文字のなかには、ブラーフミー文字とは別の系統であるカローシュティー文字（図3）も知られている。主に西北インドで普及し、その成立はブラーフミー文字よりも古い。カローシュティー文字は、セム語族の1つアラム語の表記に用いられたアラム文字系に属する。アラム語はアケメネス朝ペルシアの公用語で、西北インドは紀元前6世紀末頃から紀元後4世紀前半まで、この王朝の支配下にあった。アラム文字系のカローシュティー文字がこの地で用いられたのは、そのためである。

カローシュティー文字は、後述するアショーカ王碑文（図4）の一部をはじめ、クシャーナ朝の資料が多く残されているが、それにも増して重要なのは、仏典の表記文字として、ガンダーラから中央アジアにかけて広く用いられたことである。いわゆるシルクロードに沿って広がったと考えられている。しかし、インド内部では、新たに出現したブラーフミー文字が急速に普及し、カローシュティー文字はほとんど駆逐されてしまう。

•解読の歴史•

ブラーフミー文字はほぼ解読されている。1830年代のことである。それまでにも、例えば、14世紀にはデリー・スルターン朝において、あるいは16世紀にはムガル帝国の有名なアクバル皇帝の命をうけ、ブラーフミー文字の碑文の解読が試みられたといわれるが、いずれも失敗に終わっている。

サンスクリット語がインド・ヨーロッパ語族の源流に位置することを初めて発見し、近代言語学の誕生に寄与したとされるウィリアム・ショーンズが、ベンガル・アジア協会を設立したのが1784年のことである。その後、インド研究の中心となったこの協会で、ブラーフミー文字をはじめとするインドの古代文字の解読作業が進められた。

協会設立翌年には、チャールズ・ウィルキンスが、東インドで栄えたパーラ朝（8世紀から12世紀）のナーラーヤナパーラ王の石柱碑文を解読した。これを嚆矢とし、次第に時代をさかのぼり、様々な文字の解読が進み、1834年にはアラハバードにあるサムドラグプタ王の碑文（4世紀）が解読され、1837年にはグプタ朝期の音節文字表が完成した。

この解読作業に携わった1人ジェームズ・プリ

	無声		有声		鼻音
	無気	有気	無気	有気	
軟口蓋音	ka	kha	ga	gha	ṅa
	𑀓	𑀔	𑀕	𑀖	𑀗
硬口蓋音	ca	cha	ja	jha	ña
	𑀘	𑀙	𑀚	𑀛	𑀜
反舌音	ṭa	ṭha	ḍa	ḍha	ṇa
	𑀝	𑀞	𑀟	𑀠	𑀡
歯音	ta	tha	da	dha	na
	𑀢	𑀣	𑀤	𑀥	𑀦
唇音	pa	pha	ba	bha	ma
	𑀧	𑀨	𑀩	𑀪	𑀫
半母音	ya	ra	la	va	
	𑀬	𑀭	𑀮	𑀯	
歯擦音	śa	ṣa	sa		
	𑀰	𑀱	𑀲		
気音	ha				
	𑀳				
母音	a	i	u	e	o
	𑀅	𑀇	𑀉	𑀏	𑀑
	ā				
	𑀆				
子音＋母音	ka	ki	ku	ke	ko
	𑀓	𑀓𑀺	𑀓𑀼	𑀓𑁂	𑀓𑁄
	kā	kī	kū		
	𑀓𑀸	𑀓𑀻	𑀓𑀽		

▲図5：ブラーフミー文字の字母表

ンセプは、初期の仏教遺跡の1つサーンチーの出土品に刻まれた文字が、グプタ朝の文字と類似していることに気づき、独自に解読作業を進め、解読に成功した。碑文の多くは寄進の銘文で、プリンセプはこの文字を「サーンチー・アルファベット」と呼んだが、これこそがブラーフミー文字であった。言語はプラークリット語で、中期インド語（Middle Indic）に属する。

プリンセプはカローシュティー文字の解読にも着手し、1837年にはそのうちの17文字を解読し、その後、ノーリスやカニンガムらによって残りの文字も解読されていった。ブラーフミー文字とカローシュティー文字の解読作業は、このように並行して進められたが、その後、19世紀の末にゲオルク・ビューラーによる『インド文字学』（Indische Palaeographie）と、G・H・オージャーによる同名の『インド文字学』（原題はヒンディー語で Bhāratīya prācīna lipimālā、英文のタイトルとして The Palaeography of India もあるが、本文はヒンディー語）によって、ほぼ完成の域に達した。これらの著作において、ブラーフミー文字、カローシュティー文字の両者の起源、歴史と変遷、派生した文字などが詳説されている。出版はオージャーの書が1894年であるのに対し、ビューラーの方は1896年とわずかに遅れるが、その後、ビューラーの著作を参照したオージャーが1918年に大幅な増補改訂版を出した。

ビューラーの著作はドイツ語であったが、1904年に『インド古物研究』（Indian Antiquary）の付録として英訳版が出され、広く普及した。同書はインドで複数回にわたって単著として再版され、また初版のドイツ語版も日本でリプリント版が出ている。実際、ブラーフミー文字について何か語られるときには、必ずビューラーの書が現在でも用いられるし、同書に付されている文字表は、様々なところに転載されている。

ビューラー、オージャー以降の業績としては、1963年のA・H・ダーニーの『インド文字学』（Indian Palaeography）が重要である。インド以外のスリランカや東南アジアの文字も採り上げられ、文字のリストもさらに充実している。個別の碑文の研究などはこの後も続くが、ブラーフミー文字全体を鳥瞰するような業績は、ダーニー以降は出ていない（この項、田中　1981による）。

• 文字のしくみ •

ブラーフミー文字の種類は、この文字で表記される言語の音の種類に対応している。それは図5のようなものと考えられている。

母音は、日本語と同じa, i, u, e, oの5種類に加え、はじめのaのそれぞれの長音がある。すでに前にふれたように、ブラーフミー文字からは様々な文字が生まれたが、それらにはこの6種以外の母音を有するものも多い。例えば、インドの古典語として有名なサンスクリット語には、さらにī, ū, ai, au, ṛ, ṝ, ḷの7種類の母音があるが、ブラーフミー文字にはこれらは確認されていない。

子音は軟口蓋音、硬口蓋音、反舌音、歯音、唇音という順に、喉から唇に向かって音を作る位置に基いて5つのグループに分かれる。それぞれに無声と有声、そして無気、有気の対立があるため、4種の音から成り、それに鼻音が1つずつ加わる。例えば軟口蓋音の場合、ka, kha, ga, gha, ṅaがある。これによって、5つのグループに5種類ずつ、合計25種類の音ができあがる。さらに、半母音のya, ra, la, va、歯擦音のśa, ṣa, sa、そして気音のhaが加わり、33種類となる。

複雑なように見えるかもしれないが、アイウエオの母音は日本語と同じで、kaすなわち「カ」から始まり、「タ」や「ハ（パ）」の行が続くと考えると、日本語の五十音順とよく似ていることに気づく。これは偶然ではなく、日本で五十音図を考案したのが、梵字の知識を持つ密教僧であったためである。日本人は五十音図を、自然にできあがったかにも日本語にふさわしい表と思っている

が、実はブラーフミー文字の体系を日本語にあてはめて人為的に作られたものなのである。

　図5の字母表を見ると、極めてシンプルな記号のような形が用いられていたことが分かる。子音のはじめのkaは十字の✝という形であるし、gaはVを逆にした∧、反舌音のṭaはC、その有気音のṭhaはO、taは人という文字のような入、鼻音のnaはTを逆にした⊥といった具合である。いずれも簡潔で判別しやすい形である。

　これらの文字は無秩序に割り振られているわけではないらしい。特にṭaとṭhaに見られたような同系の無気音と有気音には、あきらかな対応関係が見出せる。caの♩とchaの♪、ḍaの♪とḍhaの♪、paのし とphaのじなどである。いずれも、無気音の文字に1画加えたような形が有気音の文字になっている。gaの∧とkhaの♪の対応もこれに準ずると考えられている。

　また、鼻音のあいだでもnaの⊥に対し、ṇaはI、ñaはһとなっていて、基本の⊥より1画ずつ多いことがわかる。このように、ブラーフミー文字を生み出した人々は、彼らの話す言語の音韻体系を十分意識していたことがわかる。

　もう1つ、ブラーフミー文字の基本的な特徴は、子音の周囲に小さな母音記号を配することである。図5の字母表では、単独の母音がはじめに挙げられているが、子音に母音が加えられた文字のグループも最後に示されている。注意しなければならないのは、何も記号を持たない文字は子音のみを示すのではなく、aの母音をともなった音、すなわちka, kha, ga等を表していることである。言い換えれば、aはゼロ記号で、これ以外の母音と截然と区別されていることになる。

　子音に添えられる母音の記号は、長音のāは文字の上端から右に水平の短い線、iは垂直の短い線、uは文字の下端に鉤のような形、eは上端から左に短い線などとなっている。oは上端から左右にそれぞれ短い線を延ばしているが、これはāとeの記号の両者をあわせ持ったものと考えられ

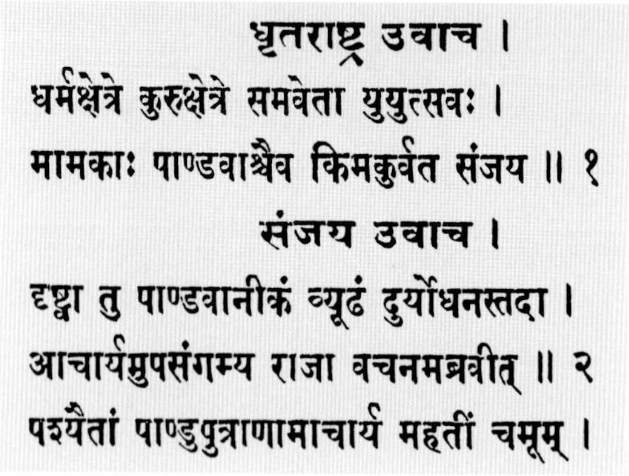

▲図6：デーヴァナーガリー文字によるヒンドゥー教聖典

ている。

　この子音と母音を組み合わせる表記方法は、ブラーフミー文字の最も基本的な特徴として、その後のブラーフミー系の文字でもほぼ忠実に受け継がれている。最後の、oをāとeから作ることまで、そこでは守られている。

　ここで説明したブラーフミー文字の体系は、文字の形こそ異なるが、例えば、現在、ヒンディー語やサンスクリット語などを表すときに用いられるデーヴァナーガリーという文字（図6）を説明するときとまったく同じである。若干、音の種類が増えてはいるが、同じ原理に則っている。デーヴァナーガリー文字を知る者にとって、形に慣れさえすれば、ブラーフミー文字はとてもわかりやすい文字なのである。例えば、アショーカ王の碑文は今から2300年ほど前に刻まれた文字であるが、鮮明な写真や拓本があれば、ブラーフミー文字の字母表と照らし合わせることで、ほぼ正確に文字を判読することができる。草書体やくずし字に苦労する日本の古文書などでは考えられないほどシンプルな文字の世界なのである。

•成立とその後の展開•

　最初期のブラーフミー文字で最もよく知られているのがアショーカ王碑文である。というよりも、

それ以前の確実なブラーフミー文字の遺品は知られていない。ビューラーはそれに遡るコインや印章銘文を最古とするが、これを疑問視する研究者もあり、文字そのものの成立年代は確定していない。研究者によっては、アショーカ王の勅命によって、ごく短期間に人工的に作り出されたと主張することもある。ブラーフミー文字のシンプルな体系も、そのことと関連するのかもしれない。

インド最初の統一王朝であるマウリヤ朝で最も有名な王がアショーカ王である。ほぼインド全土を平定し、仏教の庇護者となって各地に法勅を刻んだ石柱を建てたことは、つとに知られている。アショーカ王柱と呼ばれるこの石柱は、現在16基ほど残り、そのうちの11の石柱には、ブラーフミー文字による法勅が刻まれている。さらに、これに加えて、岩に刻まれた磨崖碑文も30例以上残っている。その大半にもブラーフミー文字が用いられている。それ以外は、カローシュティー文字が2例あるほか、ギリシア文字やアラム文字の碑文も7例ほどある。

アショーカ王碑文で用いられたブラーフミー文字は、碑文のなかではまだその名称では呼ばれず、「法の字」(dhammalipi) と呼ばれている。文字を表すlipiという言葉は、アラム語のdhipiに由来し、「文字」という言葉自体が、外来語であったことがわかる。本来、文字を持たない文化であったから、借用語を用いざるを得なかったとも考えられる。

アショーカ王碑文はインド亜大陸全域に残されているが、そこで用いられているブラーフミー文字に地域差はほとんどなく、その広がりは、この文字が自然発生的なものではなく、人為的、もっと言えば強権的な指示に基づいて伝えられたことを示唆している。用いられている言語はマウリヤ朝の首都であったパータリプトラ（現パトナ）で流布していた東部方言のプラークリット語で、これが西部方言をはじめとする各地の言語に翻訳されたらしい。

アショーカ王碑文を皮切りに、インド各地にブラーフミー文字の遺品が数多く現れる。これらは時代や地域によって形状が異なり、当然、その違いは時間や距離にほぼ比例して大きくなる。イン

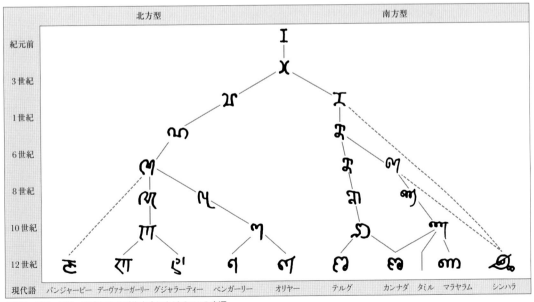

▲図7：ブラーフミー文字とその派生文字におけるNAの変遷

▲図8：インドの紙幣に見られるインド諸語

ド各地では6世紀頃から、方言のレヴェルを超えて明確な地方語が出現し、定着していったが、言語の違いが文字の違いにも反映されていく。

　本来、インドの言語は、北方のインド・ヨーロッパ語族系と、南方のドラヴィダ系の言語が、それぞれ主要なグループを形成していたが、ブラーフミー文字はそのいずれにも用いられていた（図7）。そのため、ブラーフミー文字は大きく北方型と南方型に二分されることが、ビューラー以来の

定説である。そのなかの細分については、例えば以下のような分類が提唱されている（種智院大学密教学会編　2015　による）。

北方型第1期（マウリヤ朝からグプタ朝まで）
　①マウリヤ型（古体と新体の2種あり）②ドラーヴァティー型　③シュンガ型（南北の2種あり）④前北方型
北方型第2期（グプタ朝以降）
　①グプタ型　②シッダマートリカー型　③ナーガーリー型　④シャーラダー型　⑤原ベンガーリー型　⑥ネパール型
南方型
　①西インド型　②中央インド型　③カーナラ・テルグ型　④新カリンガ型　⑤グランタ型

　その後、このような地方化は、地方語がそれぞれ独立した言語として確立することで、特定の名称を冠した文字となって、そのいくつかが現代にまで至る（図8）。北方では、ナーガーリー書体の流れを汲み、サンスクリット語やヒンディー語、マラティー語などの表記に用いられるデーヴァナーガーリー文字をはじめ、ベンガーリー文字、アッサム文字、オリヤー文字、ネワール文字（図9）、チベット文字（図10）、グジャラーティー文字など、南方ではタミル文字、シンハラ文字、カンナダ文字、マラヤラム文字、テルグ文字などがある。さらに、東南アジアにおいても、ビルマ文字、クメ

▲図9：ネワール文字によるサンスクリット語の仏典写本（インド国立博物館）

▲図10：チベット文字によるチベット語の文学作品（中国歴史博物館）

ール文字（図11）、タイ文字、ジャワ文字、ラオ文字などが生まれた。

これらはまったく異なる文字のように見えるが、その体系を詳しく見れば、ブラーフミー文字が持っていたしくみ、すなわち、音韻体系と文字との対応、母音記号とその付加方法などが忠実に受け継がれていることがわかる。文字相互の違いをもたらしたのは、それぞれの字母の形態の変化に加えて、子音を連続させるときの結合方法、上部の装飾的な部分の意匠、その言語固有の音を表すための新しい文字の追加などである。

・ブラーフミー文字と日本・

ところで、北方系のブラーフミー文字のなかに現れたシッダマートリカー文字は、我が国ともつながりが深い。仏典などでサンスクリット語の文字や単語を表記するために用いられた悉曇（図12）が、この書体に由来するためである。悉曇という名称もシッダマートリカーの前半部から来ている。

悉曇を本格的に伝えたのは空海をはじめとする平安時代の入唐僧たちであるが、その後、特に真言宗や天台宗の僧侶たちによって、1つの学問分野として重視された。なかでも平安時代の安然や、江戸時代の慈雲などは、言語学的レヴェルにまで達するような悉曇に関する著作を残している。国学の祖として知られる契沖も真言密教の僧で、悉曇に関する知識が、彼の学問の背景にある。

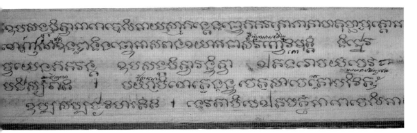

▲▼図11：クメール文字の系統に属するコーム文字によるパーリ語仏典写本（個人蔵）

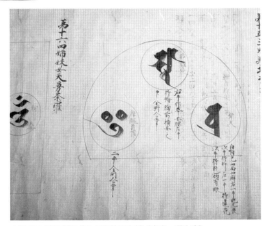

▲図12：悉曇が記された密教の文献（東京・深大寺）

しかし、このような傑出した人物はほとんど例外で、悉曇は主に卒塔婆や法要の道具、あるいは曼荼羅や仏画のような美術作品の一部に記されてきた。あるいは、いわゆる書道の世界で、その書体や筆法にもっぱら関心が向けられた。言語を表す文字であるにもかかわらず、その形と音（発音というより日本独自の読み方）のみが重視され、それが伝える意味や言語の体系には、ほとんど関心が払われなかった。日本もブラーフミー文字の勢力範囲内にあったのではあるが、そのあり方は極めて特殊だったのである。

12 甲骨文 （中国）

角道亮介

・甲骨文とは何か

　甲骨文は亀の甲（主に腹甲）や獣の骨（主に牛の肩甲骨）に刻まれた殷代（紀元前16世紀〜前11世紀頃）後期の文字である。亀甲や獣骨に刻まれた文字ということで、甲骨文と呼ばれる。また、内容が卜の辞を記したものであることから、卜辞とも呼ばれる。用いられた年代の古さに反して、甲骨文はわずか100年ほど前に見つかった、比較的新しい資料といえる。

　中国では古くから、古代の人々が記した文字を解読することを熱心に行っていた。竹簡や紙が誕生する以前の記録は青銅器に鋳込まれたり（金文）、石に刻まれたり（石刻）することが多かったため、これらの古代の文字を調べて解読する学問は金石学と呼ばれた。金石学は宋代（960〜1279年）に大いに発展し、清代（1616〜1912年）にも考証学の隆盛とともに再び発展する。そのような時代背景のなか、金石学者たちに驚きをもって迎えられたのが甲骨文の発見であった。

　19世紀末の北京、清朝のもとで国子監祭酒（教育庁の長官）を務めていた王懿栄（1845年〜1900年）の食客に劉顎（劉鉄雲とも呼ばれる。1857?〜1909年）という人物がいた。ある日、劉顎は熱病に効く薬とされた"龍骨"の上に古拙な文字らしきものが刻まれていることを発見する（図1）。金石に明るかった劉顎はこれを殷代の遺物だと感じ取り、王懿栄とともに文字の刻まれた

▲図1：殷墟遺跡出土の亀甲

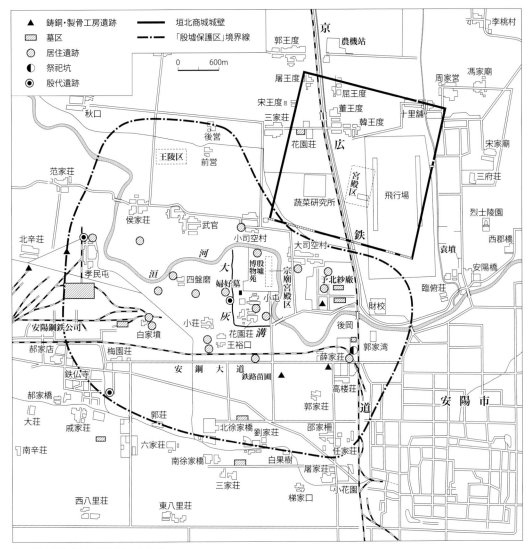

▲図2：殷墟遺跡（松丸2003をもとに作成）

"龍骨"の収集に努めた——という逸話が、甲骨文発見の経緯として伝わっている。これは1899年のことであったとされるが、一方で1898年との説もある。また、同じく清朝の高官であった端方（1861〜1911年）のもとに骨董商が甲骨片を持ち込んだのも1899年のこととされ、甲骨文の発見をめぐる問題にはあいまいな点が多く、今となってはよくわからない。それはともかく、なぜ王懿栄・劉鶚・端方らは、甲骨を発見してすぐにそれが贋物ではない殷代の文字だと見抜くことができたのだろうか。その理由は彼らが一流の金石学者であったからであり、つまり甲骨文には金文（さらにはそこから現在までつながる漢字）との間に連続性があったからということに他ならない。甲骨文は、我々が日々使っている漢字の祖形の1つなのである。

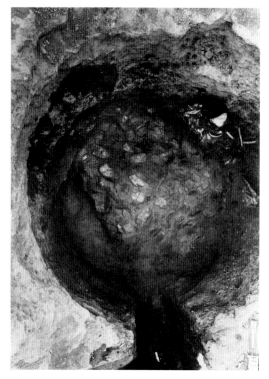
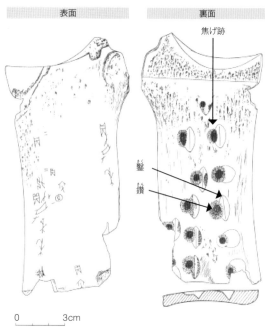

▲図4：甲骨の使用方法──鑿と鑽
◀図3：小屯127号坑と甲骨の出土状況

　1903年、劉鶚によって初の甲骨文の図録『鉄雲蔵亀』が出版され、甲骨文の存在は国内外に広く知られることとなる。それまで甲骨の正確な出土地は明らかではなかったが、1910年に羅振玉（1866〜1940年）が河南省安陽県（現安陽市）小屯村から出土したものであることをつきとめると、当地は『史記』などの歴史書に記された殷墟、すなわち殷王朝後期の都であるとみなされるようになった。殷墟遺跡の発掘は1928年（本格的な発掘は1929年から）に開始され、数次にわたる発掘の結果、大規模な祭祀遺構や王墓などの存在が明らかになっている（図2）。特に甲骨は小屯村の祭祀遺構群から大量に出土しており、例えば小屯127号坑では1つの土坑のなかに1万点以上の文字を持つ甲骨が収められていた（図3）。その後も小屯遺跡の発掘は断続的に行われ、小屯南地や花園荘東地などの地点で多くの甲骨文が出土している。

　甲骨文の発見は中国の歴史学に大きな影響を与えた。清代末期、中国では西洋の実証的な学問の影響を受けて、夏・殷・周といった古い時代の王朝の信憑性が疑われつつあった。殷代の同時代史料である甲骨文の発見は殷王朝の実在を証明しただけでなく、中国古史の復元のための重要な出発点ともなったのである。

•占いの道具としての甲骨•

　動物骨を焦がすことで占いを行う行為は、中国では古く新石器時代から行われていた。殷代の甲骨の特徴は、占いの内容や結果を甲骨上に文字として刻みつけた点にある。占いに際して、亀甲や獣骨の裏面に火をあてる。すると表面にひび割れ（卜兆）が生じ、王はそのひび割れの入り方か

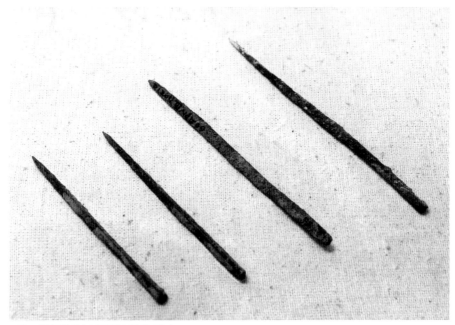
▲図5：殷墟遺跡出土の青銅製の鏨（たがね）

ら、祭祀・軍事・狩猟といった行為や、降雨などの自然現象に対する天上の神（帝・上帝と呼ばれる）の意思を読み解いた。このような占いの方法を占卜（せんぼく）と呼ぶ。

　先述のように、殷代の占卜には亀の腹甲や牛の肩甲骨が主に用いられた。亀甲と牛骨のどちらが多く利用されたかについては製作された時期によって多少の偏りがみられるが、占卜の内容に応じて亀甲と牛骨を使い分けた形跡はない。牛も亀も、当時は一般人が自由に手に入れることのできる動物ではなかった可能性が高く、甲骨自体が、有力者のみ持つことのできた貴重品だったと考えられている。

　占卜に先立って、まずは甲骨の形が整えられる。不要な部分が削りとられた後、多くは裏面に鑽（さん）と呼ばれる円形の窪みや、鑿（さく）と呼ばれる細長く深い切り込みが彫り込まれた（図4）。鑽や鑿は表面にひび割れを生じやすくするための工夫であったと考えられる。こうして加工を終えた甲骨に対して実際の占卜が行われた。甲骨のなかには鑽の部分が焼け焦げた例が数多くあり、おそらくは鑽に熱した炭（あるいは木の棒など）をあてることで、表面に卜兆を生じさせたものと思われる。焼かれた甲骨は亀裂を生じる際に音を立てて割れたのであろう。「卜」の字は亀裂の象形であり、ボク（上古音puk）という音はこの際の亀裂音からとったものだと考えられている。王はこの卜兆を見て吉凶を判断し、天上の神たる上帝の意思を人々に告げた。占いが終わった後、その経緯と結果が甲骨上に刻まれた。おそらくは図5のような青銅製の鏨（たがね）を使って、専門の職人が刻み込んでいったのであろう。

　どのような割れ方が吉で、どのような割れ方が凶なのか、今日ではわからない。ともあれ、上帝

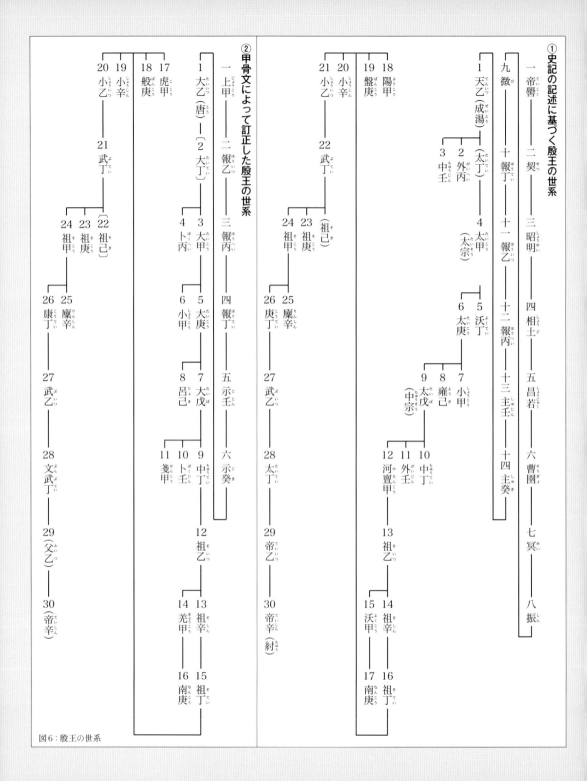

図6：殷王の世系

の意思の判断は王の専権事項であり、天上世界と交信できる唯一の存在として王が位置づけられていたことは確かなようである。甲骨を使った占いは、王の権威を高めるための儀式として機能していたのである。

•解読の歴史•

　甲骨文の初期の解読は、大きく2つの段階に分けることができる。前半は甲骨文の発見から殷墟遺跡の発掘まで、後半は殷墟遺跡の発掘以降、甲骨文の大まかな時代決定が完了するまでである。この頃の学者で極めて重要な研究を行った者に、羅振玉・王国維（1877～1927年）・董作賓（1895～1963年）がいる。彼らの研究の基礎の上に、今日の甲骨文解読があると言っても過言ではあるまい。ここで、解読の歴史を順を追って見てみよう。
　甲骨文の存在が初めて知られた頃、劉鶚や孫詒譲（1848～1908年。清朝末期の金石学の大家）といった学者たちはこれが殷代の文字だとすでに気づいていた。甲骨文上に見られる文字のなかに、『史記』などの歴史書に記された殷王朝の王の名前とよく似た名前が確認できたためである。しかしそれ以上の解読は進まず、甲骨文を殷代の遺物とみなすことに疑問を持つ学者も少なくなかった。甲骨文研究にとって目下の最大の課題は、甲骨文が本当に殷代のものなのかということを断定できないところにあった。
　この状況を大きく変えたのが羅振玉による研究であった。甲骨文に興味を持った羅振玉は、1910年に甲骨文の出土地点が小屯村であることを突き止める（発掘は直ちには行われなかった）。この地が、『史記』のなかに記された"殷墟"（殷の都の滅んだ跡）の立地に当てはまることから、彼は甲骨文が殷の遺物で間違いないことを確信した。図6の①に見えるように、『史記』には代々の殷王が30人、さらにはそれに先立つ殷の始祖（先公）が14人、記されている。羅振玉は、甲骨文のな

來	夕	月	翌	雨	其	災	王	
✦	☽	☽	🔶	🏛	⛎	≈	大	第1期
✦	☽	☽	🔶	🏛	⛎	≋	王	第2期
來	☽	☽	🔶	🏛	⛎	≋	王	第3期
✦	☽	☽	🔶	🏛	⛎		王	第4期
✦	☽	☽	🔶	🏛	⛎	洲	王	第5期

▲図7:字形の5期区分の例（松丸2017をもとに作成）

かに現れる人名が『史記』に記された殷王の名前と一致すれば甲骨文が殷代のものであることを証明できると考え、甲骨文中に殷王の名を探し求めたのである。結果的に、殷王30人のうち22人の名前（完全に一致するものだけでなく、よく似た名前を含む）を甲骨文中に見出すことができた。羅振玉の研究によって、初めて甲骨文が殷王たちによって遺された遺物であり、同時に『史記』の記載が信じるに足るものであることが証明されたと言える。
　羅振玉の研究は、その高弟である王国維に受け継がれた。甲骨の破片を整理していた王国維はある日、ばらばらになった破片のうちのいくつかがうまくくっつき、別々だと思っていた文章が1つのより長い文章を構成することに気がつく。さらにはそのようにして復元された甲骨文のうちに、殷

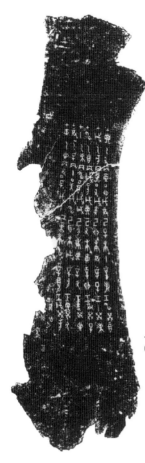

甲寅乙卯丙辰丁巳戊午己未庚申辛酉壬戌
甲辰乙巳丙午丁未戊申己酉庚戌辛亥壬子癸丑
甲午乙未丙申丁酉戊戌己亥庚子辛丑壬寅癸卯
甲申乙酉丙戌丁亥戊子己丑庚寅辛卯壬辰癸巳
甲戌乙亥丙子丁丑戊寅己卯庚辰辛巳壬午癸未
甲子乙丑丙寅丁卯戊辰己巳庚午辛未壬申癸酉

▲図8：甲骨に記された干支
（松丸ほか1990をもとに作成）

王やその始祖の名前が順番に記されることも発見した。王国維は、この順番が祖父-父-子とつながっていく家系の順番を示したものだと読み解き、殷王の系譜（世系）を明らかにしたのである。王国維はこの殷王の世系研究を進め、甲骨文中の王や先公どうしの父子・兄弟といった系譜関係を復元し、『史記』に記された殷王の系譜は大まかには正しいこと、ただし一部に修正すべき点があることを明らかにした（図6の②）。王国維のこの研究は、甲骨文研究の基礎をなす極めて重要な研究であった。1927年、王国維は北京市の西北にある頤和園の昆明池に身を投げ自殺した。その原因は不明であるが、翌年の1928年に殷墟遺跡の発掘が開始され、甲骨文研究が新たな段階に入ったことを考えると、歴史の皮肉を思わずにはいられない。

殷墟遺跡の発掘は、国立の研究機関である中央研究院歴史語言研究所によって行われた。その予備調査として、1928年に河南省安陽県小屯村に派遣されたのが、若き日の董作賓であった。翌年から始まった殷墟遺跡の発掘にも計8次にわたって参加し、出土した大量の甲骨文は彼の手によって整理された。これらの豊富な資料を基に、董作賓は後の甲骨文研究に大きな影響を与えた甲骨文の時期区分を考案したのである。

王国維らの研究によって殷王の世系図がほぼ確定されてみると、次には、個々の甲骨文がそれぞれいつ頃に作られたものか、世系図のどの王の時期に作られたものか、ということが問題となる。この解明を目的とする研究は甲骨文の断代研究と呼ばれ、この時期の研究の最も重要な課題であった。文献では、殷墟は第19代の盤庚が遷都して以降の都だと考えられるので、甲骨文もそれ以降に作られたものである、と考えることができる。董作賓はこれをさらに細かく5期に区分することに成功し、学会を驚かせた。後述するように、甲骨文の多くには占いを上帝に問いかけた貞人と総称される人物名が記される。董作賓は、貞人が占いを司った殷の役人であることを明らかにし、貞人のグループ分けに基づいて甲骨文の断代が可能になることを考察した。図6の②に示した殷王のうち、第21代の武丁から第30代の帝辛までの9人の王の時期に作られた甲骨文は、①第1期：武丁（第21代）、②第2期：祖庚・祖甲（第23〜24代）③第3期：廩辛・康丁（第25〜26代）、④第4期：武乙・文武丁（第27〜28代）、⑤第5期：帝乙・帝辛（第29〜30代）、の5期に区分されている。董作賓はこの5期区分を基準として、王名や貞人名といった手掛かりを持たない甲骨文をも分類した。甲骨文の演変の一例を図7に示す。字形は単純なものから煩雑なものへと変化し、書体

壬申卜(㊉) 雨 令 帝 翌
　　　　　　 不 癸
　　　　　　　 壬 翌 帝 令 下
　　　　　　　 申 癸 其 雨 吉

▲図9：甲骨に記された干支（松丸ほか1990をもとに作成）

については書画の大きさやバランスに時期ごとの違いが表れるようである。董作賓による5期区分は甲骨文の時代決定を体系的に試みた点で重要な研究であった。その研究は多少の訂正を経ているものの、今日でもなお甲骨文の基本的な時代的枠組として活用されている。

•甲骨文の性格と文章構造•

甲骨文は表音文字ではない。かといって文字中に音の要素が抜け落ちているわけでもなく、完全な表意文字とも言えない。著名な甲骨文学者である唐蘭（1901～1979年）によれば、甲骨文字を含む中国の古文字は①象形文字、②象意文字、③形声文字の3種類に大きく分類可能であるという。象形文字は▱（目）・🐅（虎）のように、対象を視覚的にとらえて記号化したもの、象意文字は🚶（企：人が足をあげる→つま先だちして待ち望む・先のことを考える）・🕺（夭：手を振り、身をくねらせて舞う→わかい・みずみずしい）のように、単なる事物ではなく特定の意識を形象化したもの、形声文字は🌊（河。意味を表す𣱱の省略形：水と、音を表す可の複合）のように、意符と音符の複合からなるもの、である。現在すでに解読されている甲骨文のうち形成文字の占める割合は最も少なく、このことから、甲骨文がもともと表意文字として出発し、次第に音の要素を採り入れていったことが推定できる。

甲骨文の多くは、「【日付】卜。【人名】貞、……」（【日付】の日に卜った。【人名】が……について貞した）という書式で記述される。日付は甲子や辛亥といった十干（甲乙丙丁戊己庚辛壬癸）＋十二支（子丑寅卯辰巳午未申酉戌亥）で表される。甲子の次は乙子ではなく乙丑であり、十干が1つ進めば十二支も1つ進み、60で一回りする。現在では歳を表すのに用いられる干支であるが、もともとは日付を表すことに用いられていたのである（図8）。「……」以下は軍事行為の成否や作物の実りなど、具体的な占いの内容が記された。【人名】の部分にはこの問いかけを行った役人の名が入り、彼らは「貞人」と総称される。同一の貞人による占卜であっても文字の書体がまったく異なる例があるため、甲骨上に実際に文字を刻んだ人物（書契者）は貞人とは別の専門的な技能者であった可能性が高い。

甲骨卜辞は基本的に縦書きされる。卜辞には対貞と呼ばれる、同一の事象について一方を肯定文で、他方を否定文で占う形式を持つ例が少なくない。例えば、亀甲の右側に「次の10日の間に災いはおこるだろうか」と記し、左側に「次の10日

101

の間に災いはおこらないだろうか」と記す。この場合、甲骨の中央部を挟んで左右対称に両者を配置し、意識的に卜辞の配置を整えようとした意図がうかがえる。図9に一例を示した。中央下部の20文字は対貞構造になっており、右側には「壬申□□□翌癸□帝其令雨。下吉。」(壬申[の日]に……。「次の癸[酉の日]に、帝は雨を降らせたもうか」と。下吉。)と記され(左から右へと改行する)、左側には「壬申卜。□翌癸□帝不令雨。」(壬申[の日]に卜った。㱃が[貞した。]「次の癸[酉の日]に、帝は雨を降らせたまわぬか」と。)と記される。両者は反対の内容であり、このような構造はおそらく神意の判断とも関連していたとも考えられるのである。

●関連する課題●

甲骨文はそのほとんどが殷墟遺跡からの出土であり、それゆえに殷王朝に典型的な遺物と考えられているが、これとは別にほぼ同時期の周の人の手による甲骨文も存在する。西周甲骨と呼ばれる甲骨がそれで、1977年、陝西省岐山県鳳雛村の大型建築遺構から290点ほどの甲骨文が出土した(図10)。鳳雛村遺跡は周の人々の拠点都市とされる周原遺跡群のなかに位置しており、そのため当地出土の甲骨は周原甲骨とも称される。西周甲骨の多くは小さな破片であり、文の全体的な構成を検討することが難しい。個々の文字も殷墟甲骨文に比べ小さく、甲骨の調整や鑽や鑿の形状にも殷墟卜辞との相違点が見られる。西周甲骨文には文王・武王といった周王の名が見える一方で、殷王への祭祀が行われたことを記す例もあり、当時の殷王朝と周人の関係を考えるうえで、西周甲骨の整理・解読は今後の重要な課題である。

甲骨文をめぐるもう1つの課題は、その起源である。現在知られている最古の甲骨文は、第1期・武丁期のものであるが、この段階の甲骨文はすでに字形や文章構成の点でかなり成熟しており、中国における出現期の文字とみるには整いすぎていると言えなくもない。このことから、未発見のより古い漢字の先祖が存在すると考える向きもある。実際により古い「新石器時代の文字」とされる報告例もあるが、果たしてそれが甲骨文の祖形なのか、あるいは単なる記号に過ぎないのか、現状ではあまりにも不明な点が多い。出土資料のなかにより古い漢字の存在を見出せるか否かも、甲骨文をめぐる残された課題の1つである。

▲図10：西周甲骨

13 マヤ文字 （マヤ文明）

青山和夫

●マヤ文字とは何か●

　マヤ文字は、日本では単なる象形文字と誤解されることがしばしばある。それは漢字のように1字で1つの単語を表す表語文字、および仮名文字のように1字で1音節を表す音節文字からなる。マヤ文字は、漢字仮名交じりの日本語とよく似ており、アルファベットのような音素に対応した文字体系はない。全部で4万から5万のマヤ文字があるといわれ、それぞれの文字は、700ほどの文字素を組み合わせて書かれる。文字素は、ヘンやカンムリといった漢字の部首に相当する。例えば、王を表すマヤ文字は「アハウ」と発音する（図1）。メキシコのパレンケに君臨した大王パカルの名前は「盾」を意味しているが、マヤの単語は、一般的に子音で終わり最後の母音を発音しないので、音節文字では「パカラ」と書いて「パカル」と読む。

　マヤ文明は、紀元前1000年頃から紀元後16世紀にかけてユカタン半島を中心に栄えた、主要利器が石器の洗練された都市文明であった。古典期、（後200～後950年）のマヤ支配層は、先スペイン期（16世紀以前）の南北アメリカ大陸で最も発達した文字体系を築き上げた。文字の読み書きは、日本の平安時代と同様に、王族・貴族の男女の特権であったために、古典期マヤ社会の大部分を占めた農民は、読み書きできなかった。マヤ文字の多くは極めて複雑で、絵画のような文字や芸術作品のような美しい文字が際立つ。実際のところ、1つの文字を書くのにかなり時間がかかる場合が多い。書道と同様に、マヤ文字を美しく書くことが極められた。複雑で洗練されたマヤ文字は、広く伝達するための道具ではなく、農民との差異を正当化し強化する政治的道具であった。

　マヤ文字の言語については、マヤ低地諸語のユカタン語群とチョル語群に近い2つの言語とする学説と、チョル語群の古い形のチョルティ語で書かれたという一言語説がある。ヨーロッパの宮廷でフランス語が共通語として話され、宗教儀礼でラテン語が使用されたように、マヤ文字は支配層だけが使う宮廷言語だった可能性が高い。

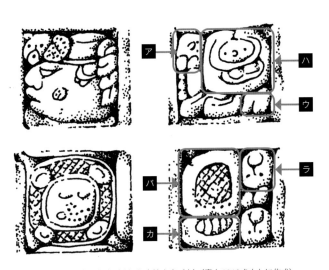

▲図1：マヤ文字の表語文字（左）と音節文字（右）（青山2012をもとに作成）

103

▲図2：グアテマラのセイバル遺跡の「石碑10」に刻まれた碑文（849年）（筆者撮影）

イバルのワトゥル・カテル王の重要なカトゥン（7200日）周期の完了記念日を祝う儀礼に立ち会ったと記録されている（図2）。

絵文書は樹皮製の紙に漆喰を塗り、マヤ文字や図像を豊かな色彩で美しく描いた、アコーディオンのような折りたたみ式の本である。マヤ人は、叩き石を用いてイチジク科の木の樹皮から紙を製造した。文書は左右2ページの見開きで、紙の表と裏の両面に描かれた。判読不可能な古典期の絵文書の破片は、ベリーズのアルトゥン・ハ遺跡やグアテマラのワシャクトゥン遺跡の墓から出土している。

スペイン人は、16世紀にマヤ地域を侵略し、大部分の絵文書を「悪魔の仕業」として焼き捨てた。現存する先スペイン期のマヤの絵文書は4冊しかない。それらは後古典期（950年～16世紀）のマヤ支配層が、古典期の絵文書を書き写した写本である。内容は神々と宗教儀礼、暦、占星術、予言と天文観

マヤ文字には、石斧などで彫られた文字と筆やペンで描かれた文字の2種類がある。彫られた文字は、石碑、石造祭壇、石板、石造階段、石製・木製リンテル（楣：建物の出入り口や窓の上の横木や石）や漆喰彫刻に記された。また石製容器、翡翠製品、土器、貝製品、骨製品、角製品など持ち運び可能な遺物にも彫られた。一方、壁画、土器、絵文書、漆喰の床面などには、マヤ文字が描かれた。グアテマラのセイバル遺跡の「石碑10」には、ティカル、カラクムル、モトゥル・デ・サン・ホセという3つの都市の王が、849年にセ

測などにわたる。保管されている地名を取って、『ドレスデン絵文書』、『マドリード絵文書』、『パリ絵文書』と呼ばれる。4番目の絵文書『グロリア絵文書』は、1971年にニューヨーク市のグロリア・クラブのマヤ美術展に出品されたが、その真正性に関して今なお議論が分かれている。

現存するマヤ文字の碑文の多くは古典期に属するが、先古典期後期（前400～後200年）の碑文も発見されている。グアテマラのサン・バルトロ遺跡で見つかった前3世紀の壁画には、アハウ（王）の文字と王の事績を記した碑文やトウモロコ

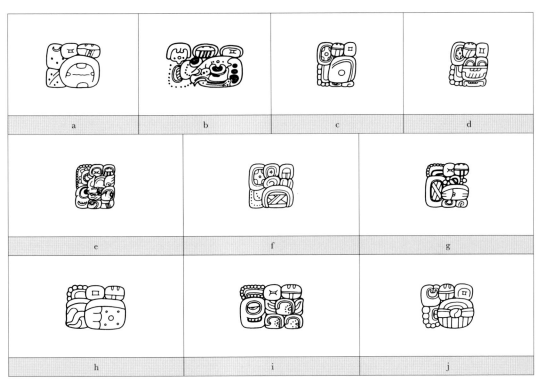

▲図3:紋章文字。a・bパレンケ、c・dヤシュチラン、eコパン、fナランホ、gマチャキラ、hピエドラス・ネグラス、iセイバル、jティカル (Coe and Houston 2015をもとに作成)

シの神が描かれており、現在のところ最古の碑文である。サン・バルトロ遺跡は1km²ほどの小都市であった。しかし、書体の完成度が高いのが注目される。今後の発掘調査によって、より原初的な古いマヤ文字が見つかるであろう。

•解読の歴史

20世紀半ばまで、「マヤ文字は表語文字だけ」というのが定説だった。1950年代からマヤ文字の解読が画期的に進歩したが、新しい風はソ連(当時)から吹いてきた。ロシア人言語学者ユーリ・クノローゾフ(1922～99年)は、いわゆるランダの「アルファベット」を1952年に解釈し直した。スペイン人のディエゴ・デ・ランダは、メキシコのユカタン地方の司教を務めた。ランダは、1566年頃に執筆した著書『ユカタン事物記』に、スペイン語のアルファベットに相当すると誤解して29のマヤ文字を記した。19世紀以来100年近くにわたり、多くの学者がランダの「アルファベット」を手掛かりにマヤ文字を解読しようとしたが失敗に終わった。なぜならマヤ文字には、アルファベットはないからである。クノローゾフは、マヤ文字には表語文字だけでなく、日本語の仮名文字のような音節文字もあるという十分な根拠を示して音節的解読に成功した。

冷戦時代であった当時、マヤ文明研究の大御所であったイギリス人のエリック・トンプソン(1898～1975年)など大部分の西側諸国の学者は、「マルクス・レーニン主義」的学説だとして受け入れなかった。そのためクノローゾフの画期的な研究成果は、20年ほど正当に評価されなかっ

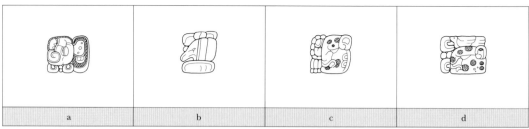

▲図4: プロスコウリアコフが解読した王朝史に関するマヤ文字。a 生誕、b 即位、c 「盾ジャガー」、d 「鳥ジャガー」（Coe and Houston 2015 をもとに作成）

た。その後イェール大学の言語学者フロイド・ラウンズベリー（1914〜1998年）が、パレンケ遺跡の「碑文の神殿」内部で発掘された墓の石棺の蓋に刻まれたパカル王（615〜683年統治）の名前を1973年に音節的に解読することに成功した。ラウンズベリーは、クノローゾフの洞察に基づいてマヤ文字の音節的解読の有効性を西側世界に知らしめたのである。

マヤ文字の碑文の内容については、20世紀半ばまで天文学、暦、宗教だけに関連すると誤解されていた。学者がこぞってマヤ文字を研究したにもかかわらず、暦や天文学に関する部分だけしか解読できなかったからである。その結果、「マヤ人は時間に運命を支配されていた神秘的な人々であり、暦、天文学や宗教活動などに没頭していた」と拡大解釈してしまった。

数多くの学者が努力を積み重ねた結果、マヤ文字の碑文には、個人の偉業や歴史も含まれることが明らかにされた。その突破口を開いたのが、ナチスの迫害を逃れてドイツからメキシコに移住したユダヤ系考古学者・碑文学者のハインリッヒ・ベルリン（1915〜88年）であった。ベルリンは、1958年にスペイン語の論文で、メキシコのパレンケ、ヤシュチラン、グアテマラのティカル、ナランホ、ピエドラス・ネグラス、キリグア、セイバル、ホンジュラスのコパンといった諸遺跡の碑文に各都市特有の紋章文字を同定した（図3）。

ベルリンの解読以降、紋章文字が多くの遺跡で同定されている。最初は紋章文字が都市名なのか、王朝の家系なのか、はっきりしなかった。その後の解読によって、紋章文字は各王国の神聖王の称号であったことがわかった。紋章文字では、左のヘンと上のカンムリは同じであり、王国や支配する領域全体の地名の主字（最も大きな文字）だけが異なる。ヘンは「クフル（神聖な）」、カンムリは「アハウ（王）」と解読される。つまり、ある王国のクフル・アハウと記された。古典期マヤ文明の王は、文字通り神聖王だった。紋章文字は、王の名前の後に書かれていることが多い。

紋章文字の解読によって、王朝や古典期マヤの政治組織の研究が大きく進展して諸王朝間の関係がわかるようになった。正確な数々の地名が解読され、支配層の出身地、居住地、戦争や儀式が行われた場所が明らかにされている。たとえば、大都市ティカルは古典期に「ムタル」と呼ばれていた。紋章文字の使用は、初期には有力な王朝に限られていたが、時代が下がるにつれてかなり広く用いられるようになった。

女性マヤ学者タティアナ・プロスコウリアコフ（1909〜85年）は、ロシア帝国で生まれ、1916年に家族とともにアメリカに移住した。プロスコウリアコフは、ピエドラス・ネグラス遺跡とヤシュチラン遺跡の碑文のなかに「生誕」、「即位」、「盾ジャガー」王、「鳥ジャガー」王など王朝史に関するマヤ文字を同定した論文を1960年に発表した（図4）。プロスコウリアコフは、碑文には歴史も記録されたという、マヤ文明研究における金字塔を打ち建てたのである。

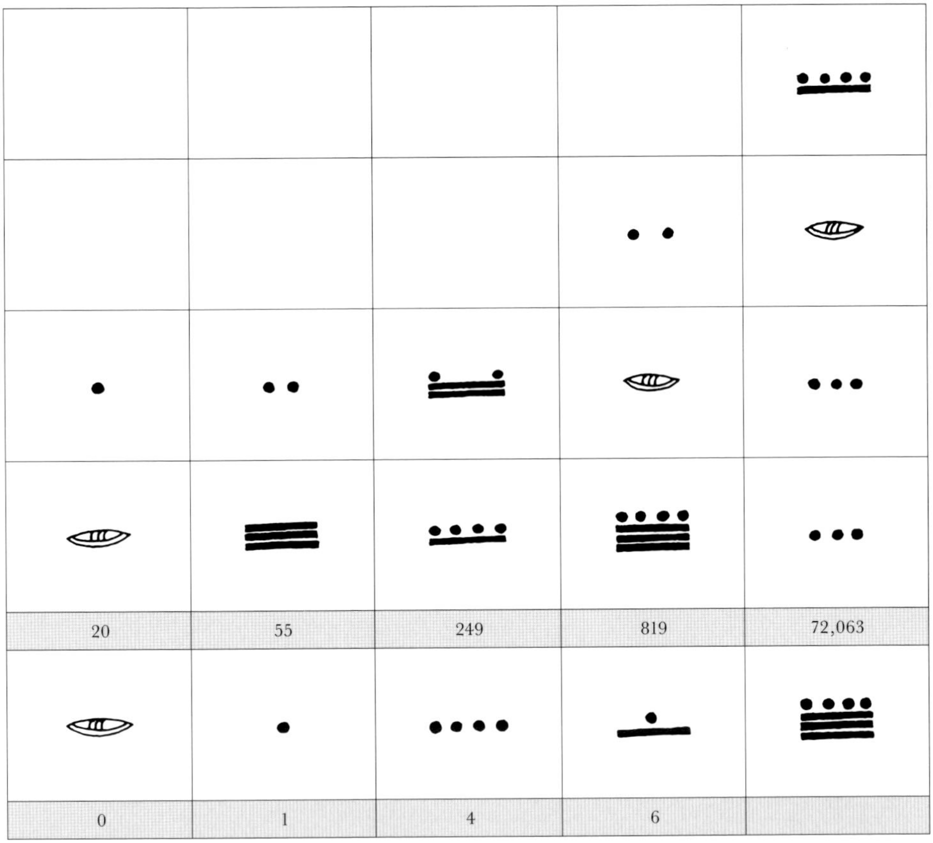

▲図6:マヤの数字（Coe and Houston 2015をもとに作成）

　マヤ文字の解読は、クノローゾフ、ベルリン、プロスコウリアコフという非アングロ・サクソン系学者の先駆的業績を基に、トンプソンの死後の1980年代以降に著しい発展を遂げてきた。これまでに210以上の音節文字が判明し、まだ不完全ながら、日本語の五十音表のような音節文字表が作成されている（図5次ページ）。マヤ文字には20の子音と5つの母音があるので、百五音表になる。
　マヤの諸王は石碑などの石造記念碑に、書記を兼ねる支配層の工芸家に自らの図像を彫刻させた。同時に、王の事績など個人の偉業・歴史に関する碑文を記録させた。碑文には暦や天文学だけが記されたのではなく、歴史上実在した王や他の男女の支配層の名前や称号、生誕、結婚、即位、王朝の家系、王朝間の訪問、戦争、捕虜の捕獲、大建造物の落成、球技、儀礼的な踊り、暦の完了記念日を祝う儀礼、放血儀礼、焼香などの儀式、崩御、埋葬などが記録された。マヤ文字には経済的情報がないというのが従来の学説であったが、「物資の貢納」というマヤ文字が解読されている。なお碑文には、法律文は見つかっていない。
　建造物、石碑、翡翠製装飾品、石製容器、土器、貝製トランペットなどにも、固有の名前や所持者の名前が付けられた。グアテマラのリオ・アスル遺跡の5世紀の王墓に副葬された多彩色土器には、「描かれた」、「彼の容器」、「カカオ」、所持者の名前などの文字が描かれた。つまり、所持者の名前の他に、カカオ飲料を飲む容器であることが

107

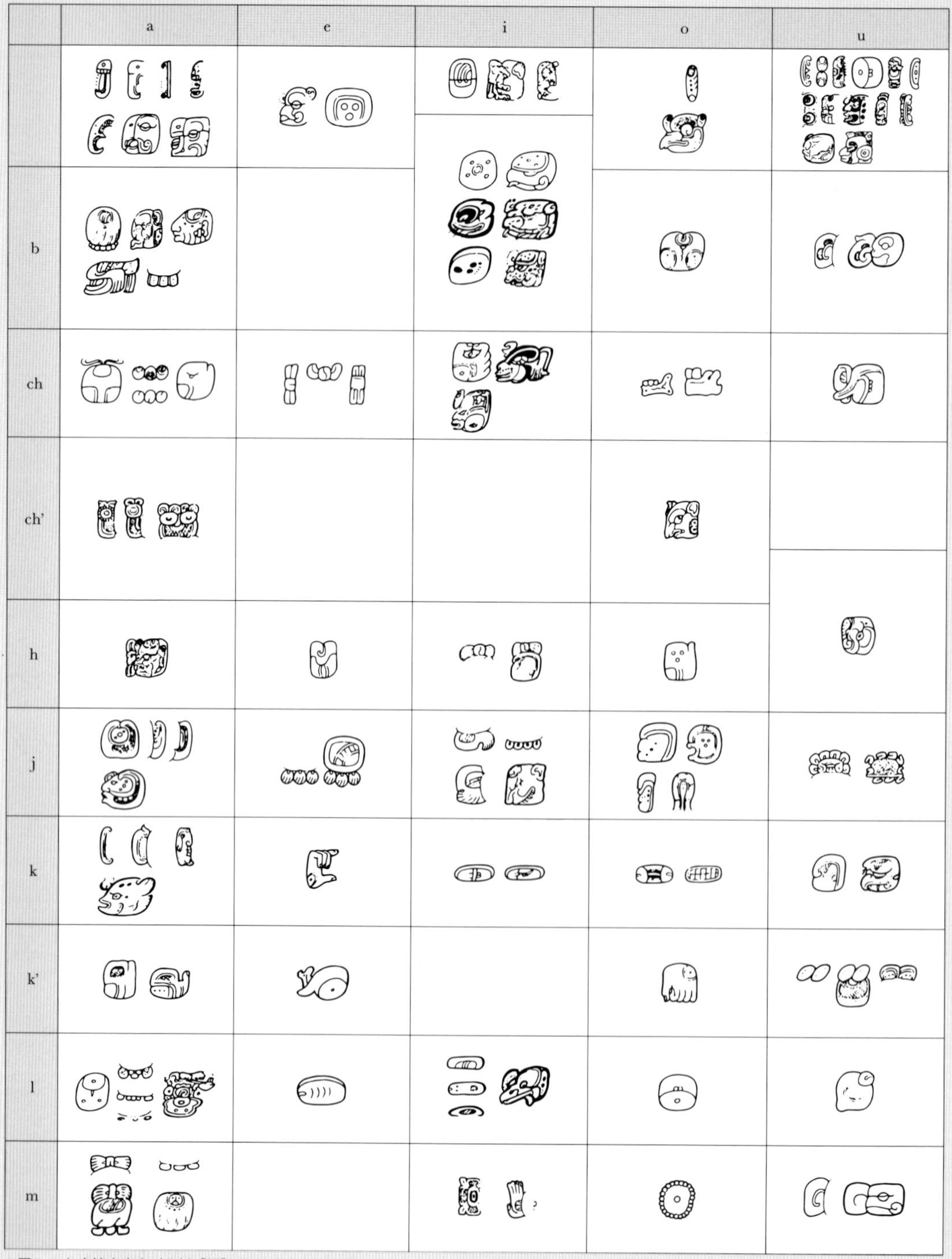

	a	e	i	o	u
b					
ch					
ch'					
h					
j					
k					
k'					
l					
m					

▲図5: マヤ音節文字表（八杉［編］2004をもとに作成）

108　マヤ文字　マヤ文明

	a	e	i	o	u
p					
p'					
s					
t					
t'					
tz					
tz'					
w					
x					
y					

▲▼図7：ティカル遺跡の「石碑29」の長期暦（292年）

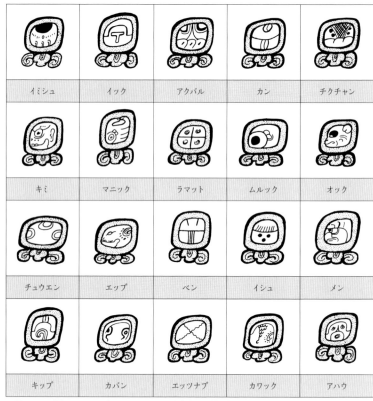

▲図8：260日暦の20の日（Stuart 2011:134ををもとに作成）

記録された。土器に付着した残存物の化学分析の結果、カカオの残滓が検出され、解読されたマヤ文字の記述が実証された。

•実際に読んでみよう•

マヤ文字の碑文は、少なくとも1万以上ある。碑文は左上から読み始め、2行を対にして左から右、上から下へと読んでいく。マヤ文字の数字は、重要な出来事の日付として表記される場合が多い。マヤ人は、手足両方の指で数を数えて20進法を使った。対照的に南米のインカや日本人は、手の指だけを使い10進法で数字を数える。

マヤの数字は、基本的に3種類の文字を組み合わせた。つまり、1に相当する点、5に相当する棒、そしてゼロまたは完了を表す文字である。ゼロの概念を知っていたマヤ文明では、貝を様式化したマヤ文字などゼロを表す文字が複数存在した。マヤの支配層は、点と棒を組み合わせて1から19までの数字、ゼロの文字と数字の位を用いて19より上の数を20進法で表記した（図6）。例えば819は、1の位が3本の棒の上に4つの点、20の位がゼロの文字、400の位が2つの点で表記される。6世紀に古代インドで発明されたゼロと数字の位が、アラビア人を通してヨーロッパに伝わったのは、マヤ文明よりも1000年以上も後の10〜11世紀頃であった。

マヤ暦はすべて循環暦であり、様々な周期が複雑に組み合わされていた。西暦の直線的な時間の概念とは対照的である。長期暦は循環暦の1つで

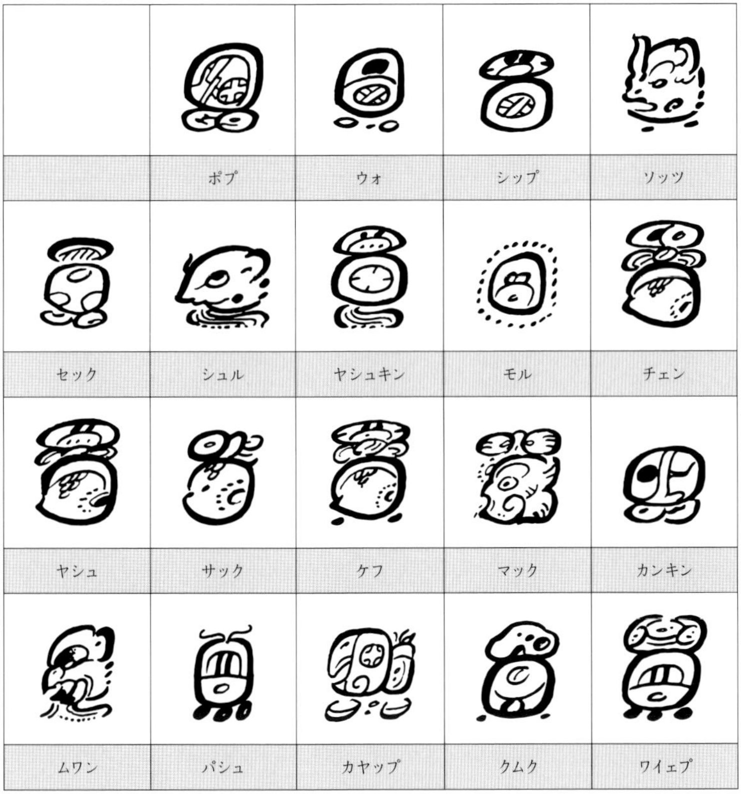

	ポプ	ウォ	シップ	ソッツ
セック	シュル	ヤシュキン	モル	チェン
ヤシュ	サック	ケフ	マック	カンキン
ムワン	パシュ	カヤップ	クムク	ワイェブ

▲図9:365日暦の19の月（Stuart 2011:158ををもとに作成）

187万2000日（5125.26年）で一巡する。日本や世界各国では、2012年に「マヤ文明の終末予言」というデマが広がったが、マヤ人はそのような予言はしなかった。長期暦の暦元の1つが前3114年の8月11日であるが、それから13バクトゥン後の2012年12月21日に長期暦が一巡したにすぎない。これは長期暦が一巡した「元日」であり、この日からまた長期暦の周期の新たな時代が始まったのである。

マヤ人は、日本人の新暦と旧暦と同様に、すべての日付を最初に260日で一巡する神聖暦、次に365日で一巡する太陽暦で必ず併記した。260日暦は、20進法の基本となる20の日の名前とマヤの天上界の13層に宿る13の神に通じる神聖な数13を掛け合わせた神聖暦・宗教暦である（図8）。太陽暦に相当する365日暦は、西暦の太陽暦とは異なる。1カ月が20日の18の月に、5日だけの19番目の短い月が最後についたが、うるう年はなかった（図9）。約52年の1万8980日（260と365の最小公倍数、5×52×73）、つまり365日暦の52年、260日暦の73年（365×52＝260×73）で一巡して、同じ日付が約52年ごとに果てしなく循環する。マヤ暦の「1世紀」に相当するが、日本の還暦に近いと言える。

ティカル遺跡の「神殿1」の木製リンテルに刻まれた碑文には、ティカルを代表する大王が695年に宿敵カラクムル王との戦争に勝利したことが記され（図10）、695年に相当する、9アハウ

あり、西暦の日、週、月、年、世紀のように、5つの時の単位からなる。それらは、キン（1日）、ウィナル（20キン＝20日）、約1年（360日）に相当するトゥン（18ウィナル＝20×18日）、約20年（360日の20年）に相当するカトゥン（20トゥン＝20×18×20＝7200日）、約400年（360日の400年）に相当するバクトゥン（20カトゥン＝20×18×20×20＝14万4000日）である。このうちトゥンだけ20進法ではなく18ウィナルなのは、実際の1年の長さに近づけるためだったのだろう。ティカル遺跡の「石碑29」には、8バクトゥン、12カトゥン、14トゥン、8ウィナル、15キンという、マヤ低地で最古の長期暦が刻まれており、西暦で292年7月6日に相当する（図7）。

長期暦は、13バクトゥン、つまり5200トゥンの

111

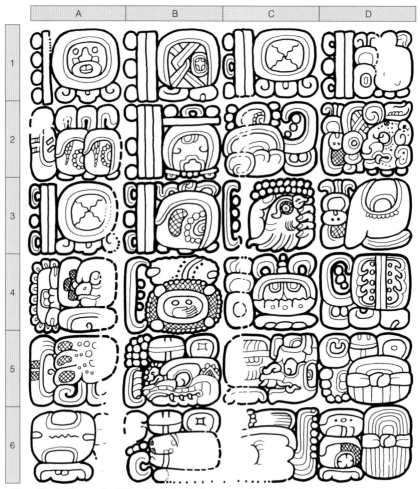

▲図10：グアテマラのティカル遺跡の「神殿1」の木製リンテルに刻まれた碑文（Coe and Van Stone 2005：147をもとに作成）

（A1）、11エッツナブ（A3）、12エッツナブ（C1）の260日暦の日付および13ポプ（B1）、11チェン（B3）、11サック（D1）の365日暦の日付が併記されている。「彼の槍と盾が打ち倒された」（A4・B4）、さらにカラクムルのイチャーク・カフク王（A5）、ティカル26代目のハサウ・チャン・カウィール王（D4・C5）の名前も記録されている。ティカルの神聖王（D5）とカラクムルの神聖王（B5）の文字が、紋章文字である。

マヤ文字は、正確な音節文字の解読と注意深い意味の解釈に基づいて解読されなければならない。碑文に残された情報は支配層に関するものであり、支配層が重要だと考えた事柄が記録されている。支配層が石造記念碑に半永久的に残した「歴史」には、政治的宣伝が含まれている場合がある。したがって、可能な限り考古学調査でマヤ史を検証していく必要がある。マヤ文字の解読によって完全に客観的な歴史を再構成することは不可能だが、支配層自身の視点や世界観を垣間見ることができよう。

14 未解読文字の世界

大城道則

インダス文字／ファイストスの円盤／線文字A／
原エラム文字／ワディ・エル＝ホル刻文／
インカのキープ／ロンゴロンゴ

　過去のある時点において人々に忘れ去られて以来、読み手と書き手を失った文字は、その存在意義を封印され、「不可思議な文様」・「神秘的な記号」として、たまに宗教家や趣味人に採り上げられるくらいで、本来の機能を喪失した。しかし、人類（主に西欧の人々）が自らの起源＝祖先について思いをめぐらせる余裕ができた頃から、おそらく文字であろうと思われるその記号の群は、にわかに注目を集め始めたのである。ヒューマニズムやダーウィニズムの隆盛とともに、世界には異なる言語を話し読み書きする民族がいること、そして彼らは異なる肌の色や目の色を持ち、異なる神々を崇め、そして様々な慣習を持っていたことによようやく世界は気がついたのだ。その過程でそれまで見たことがないような文字が「発見」されたのである。あらゆる人々がその謎を解こうと試みた。そのときから、未解読文字とは、研究者たちを含むすべての人々にとって、「魅」解読文字となったのである。

　本書のなかでは、どのような古代文字が発見され、いかにして天才たちによって解読され、実際にそれらをどのように読むことが可能なのかを紹介してきた。シャンポリオンやローリンソンはそのことにより、人類史に名を残したのである。それはまさに1分1秒を競った名誉・栄誉を賭けた戦いであった。しかしながら、いまだ世界には解読に成功していない文字が複数存在しているのである（つまり、我々も第2のシャンポリオンやローリンソン、あるいは西夏文字を解読した我が国の西田龍雄になれるかもしれないのだ！）。以下で解読が待たれる未解読文字をいくつか紹介してみたい。

●インダス文字●

　現在のインド、パキスタン、アフガニスタンにまたがる地域において、紀元前3000年紀半ばから紀元前2000年紀にかけて栄えた古代インダス文明は、今から約1世紀前まで、その存在が知られていなかった。最初に発見されたインダス文明を代表する遺跡であるハラッパーにおいて発掘調査が進むにつれて、この都市遺跡は高度な灌漑システムを有していたことが確認されたが、さらに人々の興味を惹きつけたものに文字と思われるものがあった。それらは主としてインダス式印章（図1）に彫り込まれていた。インダス式印章は、1辺が数cmの表面がほぼ正方形のスタンプ印章であり、裏面にはつまむための突起（紐を通す穴があるものもあった）を持っていた。原材料として主

113

▲図1：インダス文字が刻まれたインダス式印章

▲▼図2：ファイストスの円盤　A面（上）、B面（下）

に使用されたのはステアタイト（凍石）であった。また印章を粘土などに押し当てた際に盛り上がるように、彫り方には陰刻が用いられた。一般的にインダス文字と呼ばれているそれらは、今までに約400種類確認されているが、向かって右側から左側へと読み進めたと考えられている（文字列の行の左端に空間が多いのがその理由）。現時点で推定されている文字の基本構造は、この文字が表意文字（ideogram）ではなく、漢字やヒエログリフと同じ表語文字（logogram）であり、しかもアルファベットのような音節文字（syllabic）であるというものだ。接尾辞（suffix）らしい文字もあるがまだ確定的ではない。

インダス式印章は、1875年にイギリスのアレクサンダー・カニンガムによって最初の報告がなされた。以来、そこに刻まれた文字についてヒッタイト語の解読者ベドジフ・フロズニーをはじめとして、ドラヴィダ語や古タミル語、あるいはサンスクリット語などとの比較研究が行われたが、いまだ解読に至っていない。それらインダス式印章の最大の特徴は、表面に角を持つ動物（一角獣、水牛、サイ）や樹木が大きく描かれていることだ。

そしてそれらの図像の余ったスペースに文字が彫られたようなのである。古代エジプトでも図像が描かれて、余ったスペースにその図像を説明する文字がヒエログリフなどで記されるが、インダス文字も同じように使用されていたのかもしれない。またインダス式印章の出土例がハラッパーとモエンジョ・ダロの都市遺構に極端に集中している点は、これらの印章が行政用、あるいは要人の所有物であった可能性を示している。部族名や都市名、あるいはそれらのトーテムを表した記号で

▲図3:「海の民」との戦いを描いたレリーフ

あった可能性もあろう。また「魚」の記号が同時に「星」を意味する点から、天文学的解釈に結びつけようとするアスコ・パルポラの研究をはじめとした個々の記号に注目するのも興味深いが、文字の解読に取り掛かる前にインダス文明の歴史的背景とその文化の起源を明らかにすることが第一に求められる。

•ファイストスの円盤•

現在、ギリシアのクレタ島にあるイラクリオン考古学博物館に所蔵されている、直径16cmの奇妙な絵記号を持つ円盤状のこの粘土板は、1908年にファイストス（フェストス）の宮殿跡で発見されたことから、「ファイストスの円盤」（図2）と呼ばれている。次に述べる線文字Aの粘土板と同じ場所に貯蔵されていたことから、同時代に作ら

れたようだ。粘土を紐状に細くしたもので、ヘビのとぐろのように渦巻き状に作られている。その粘土の表面に複数の異なる図柄のスタンプを「活字」として押し当てて使用したのである。両面合わせて61（A面31とB面30）の縦線でグループ分けされており、絵文字（あるいは記号）が全部で242個も刻まれていた（種類としては45種類）。それらは中心に向かって渦巻き状に右から左へと記されていたのである。

押印された45種類のなかには、歩いている人物、女性、鳥、魚、建造物、花、船首と船尾が立ち上がった船（?）などがあるが、なかでも「頭飾りを持つ人物」が注目される。「ファイストスの円盤」は他に類例がないことから、比較研究が困難であるが、この特徴的な図像が突破口となるかもしれないのだ。というのも「頭飾りを持つ人物」と非常によく似た図像がエジプトで知られている

▲図4：金製の指輪に刻まれた線文字A

からである。ルクソールのナイル河西岸のメディネト・ハブにあるラメセス3世葬祭殿の壁には、この王の治世8年に起ったいわゆる「海の民」との戦いが描かれている（図3）。そのなかに登場するペリシテ（ペレセト）人の被りものと「ファイストスの円盤」に描かれたものとが酷似しているのである。ファイストスの円盤が製作されたと推測されている時期（紀元前1700年以前）とラメセス3世の治世（前1187〜前1156年頃）の間には、数百年の開きがあるが、図像の類似性から、両者は同じ民族である可能性が極めて高い。

ファイストスの円盤は、クレタ島で発見されたが、おそらく他の地域で作製され、そこからクレタ島へともたらされたものであったのであろう。これまでにもウガリト語やフェニキア語などのセム語との密接な関係が指摘されてきたが、「頭飾りを持つ人物」がペリシテ人あるいは「海の民」の一派であったとするなら、その可能性は高い。またファイストスの円盤は、ヒッタイトやミケーネを滅亡に追いやった集団、あるいはヨーロッパ中央部やイタリア半島からやってきた移住者であったという説もある謎の多い「海の民」の実態を知る

重大な手掛かりとなる可能性を秘めている。世界史の大きな謎を解く鍵でもあるのだ。

・線文字A・

アーサー・エヴァンズによって発見された線文字Aは、金に彫り込まれた例（図4）も稀にあったが、そのほとんどが粘土板に記されていた。しかしながら、すでに、マイケル・ヴェントリスによって「ギリシア語」であると解読されている線文字Bとは違って、出土した粘土板の数が少ないこともあり（最大の出土例は、アヤ・トリアダで見つかった150個）、実態はほとんどつかめていない。線文字Aは、ミノア文明で使用された文字であった。そのことはミノア文明が終焉を迎える紀元前15世紀以降に、この文字が使用されなくなることから明らかだ。線文字Aがミノア文明の影響圏（キクラデス諸島やキプロス島など）において広範囲に使用されていたことはよく知られているので、そこに「経済的意味」を見出すことはそれほど困難ではない。実際に粘土板に記された線文字Aには、数字を表していると推定されるものが

116　未解読文字の世界

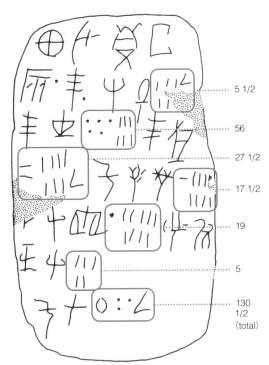

▲図5：数字を表す線文字Aの粘土板

▲図6：粘土板に記された原エラム文字
▼図7：プズル・インシュシナクの奉納文書

多く確認されている（図5）。しかしながら、おそらくミノア語がわからない限り、ミノア語を表した線文字Aは読めないであろう。この現代ヨーロッパ文明の起源の1つに数え上げられることもある優雅で壮麗であることを特徴とする偉大な文明は、数多くのレリーフを宮殿のなかに残してくれたが、それらのレリーフ自体はそれほど多くを語ってはくれない。ただし線文字Bが線文字Aから派生したものであること、そして2つの文字は同時期に同じ場所で使用されていたことから考えると、比較する史料の増加次第で解読される可能性は十分にある。

●原エラム文字

紀元前3000年頃に現在のイラン南西部に相当する古代エラム王国の影響圏で使用されていた文

字であり、西は首都スーサから東はアフガニスタン国境近くのシャハル・イ・ソフタにかけて出土例が確認されている（発見された約1500の銘板のほとんどはスーサから出土したものである）。確認されている約1,500の記号は、基本的に粘土板に楔形文字で記された。文字はすべて上から下へと、右から左に読み進められた（図6）。人名や数字を表していると推測できる文字が見られること、そして上述のシャフル・イ・ソフタだけではなく、テペ・ヤヒヤ、テペ・ヒサール、テペ・シアルクなどのユーラシア大陸における古代の長距離交易の拠点として知られていた都市から出土例がある事実は、原エラム文字が経済・行政文書に使用されていたことを指し示しているようであるが、いまだその詳細は不明である。しかしながら、原エラム文字解読に有効かもしれないとされている遺物が発見されている。それがスーサで発見された紀元前2200年頃に年代づけられている「プズル・インシュシナクの奉納文書」（図7）である。この文書はアッカド語の楔形文字とエラム語の線文字が記されたロゼッタ・ストーンと同じ二言語併記の文書であった。ここに記されたエラム語線文字と原エラム文字との比較研究がなされているが、両者の関係はいまだ明らかではない。両者の間に共通点はなく、両者の橋渡しとなった文字・言語も現時点では知られていないのだ。さらに原エラム文字はインダス文字との関係も想定されることから、この未解読文字の解読はインダス文字の解読につながるかもしれないという点でも注目すべき存在なのである。

● ワディ・エル＝ホル刻文 ●

　1999年にジョン・ダーナルらによって、テーベ（現ルクソール）とアビドスを結ぶワディ（涸れ谷）で石灰岩に彫られた2つの碑文（図8）が発見された（ワディ・エル＝ホルは古くから交通の要衝であったため、それ以前からヒエログリフ碑文や線刻文字が沢山確認されている）。それらの外見はヒエログリフの簡略形であるヒエラティックに似ていたが、外見以外は非なるものであった。

　この刻文が注目されている最大の理由は、アルファベットの起源である可能性が高いからだ。それまでアルファベットの起源は、1904年から1905年にフリンダース・ピートリ夫妻によって、シナイ半島のセラビト・エル＝カディムで発見された原シナイ文字であると考えられてきた。セラビト・エル＝カディムは古来、トルコ石鉱山・銅鉱山として周辺世界に広く周知されており、しばしば古代エジプト王が採掘隊を派遣してきたことで知られている。そこにおいて約40個の原シナイ文字が発見されたのである。アルファベットが誕生したきっかけとして、人々が頻繁に行き来したシナイ半島において、地元のセム語族系の人々がエジプト人の用いていたヒエログリフに遭遇した結果というものが想定できるであろう。特に多用されていた20個ほどのヒエログリフに自分たちの音価を与えて簡単な名前や地名を表そうとしたことがその始まりと考えられているのだ。しかしながら、上エジプトにおけるワディ・エル＝ホル刻文の発見は、その原シナイ文字以前のアルファベットの可能性を提議しているのである。

● インカのキープ ●

　結び目文字とも称されるキープ（ケチュア語で数、計算、結び目の意味）（図9）は、他の地域の文字と比較した場合、人が発した言葉を何らかの媒体に記録するわけではないため、純粋な意味での言語や文字ではないと主張する人々もいる。しかし、キープは視覚を利用した「視覚言語」として認知されている。もし官僚制度を基にした徴税システムと行政機構を確立していた強力なインカ帝国が文字を持たなかったのは、キープで十分に事足りたからだというのが理由であったとするなら、キープの持つ言語的価値は極めて高いと言

えるだろう。キープによって記録された情報は、キープ・カマヨック（結び目の責任者）と呼ばれる専門の役人が読み取り保管していた。

キープには基本になる第1の紐（数cmから1mのものまである）があり、そこから延縄のように多くの第2の紐（数本から1000本のものまである）が多数出ていた（さらに第2の紐に第3の紐をつなぐこともあった）。第2の紐に作られた結び目の数と位置で数字を表現した。例えば第2の紐の一番上の結び目が7つ、真ん中が4つ、一番下が5つであるなら、745を表し、1番上の結び目が2つ、真ん中が無し、一番下が9つであるなら、209を表したのである。そのためキープを読む際には、基本の第1の紐を水平にして、同じ位の結び目同士が1列に並べられるようにした。数字以外のものも紐の色で表現された。例えば黄色は金やトウモロコシ、白色は銀、そして赤色は兵士を表したのである。

ただしインカ帝国の人々がインカ以前のモチェ文化に見られる「意味を持つ記号」を織り込んだ織物の影響のもとで、トカプス（図10）と呼ばれる幾何学文様を表意文字や表音文字として、織物やケロと呼ばれる木製カップに描いた可能性はある。さらにモチェの人々は伝言を送る際に、点と線を付けた豆を袋に入れて、インカ同様に飛脚を送り出したことが知られている。簡単な点と線を用いた情報伝達手段は、キープに通ずるところがある。キープの起源は紀元前後にまで遡るかもしれない。また1つの可能性として、ネイティヴアメリカンのヤキマ族が伝承を記録するために使用するいわゆる「タイムボール」がある。それは長

◀▼図8：ワディ・エル＝ホル刻文

119

▲図9：インカの結び目文字キープ
▶図10：幾何学文様トカプス

い紐にビーズを組み合わせたものであり、インカのキープの伝統を受け継ぐ存在であるかもしれない。

●ロンゴロンゴ●

　巨大な石像であるモアイで知られるチリ領のイースター（現地名ラパ・ヌイ、正式名パスクア）島には、独自のロンゴロンゴ（「コハウ・ロンゴ・ロンゴ（語る木片）」の略語）と呼ばれる文字が知られている。文字は、主にトロミロの木の板に隙間なくびっしりと刻まれた（しかし現存するのは20数点のみ）（図11）。イースター島は、最も近距離にある有人島まで約2000kmも離れた絶海の孤島であることから、ロンゴロンゴは島独自の発展を遂げたと考えられることが多い（ロンゴロンゴ同様に未解読文字であるインダス文字との関連を示唆する研究もある）。しかし、この文字の重要性に人々が気づいたときには、すでに島に読み手は生存しておらず、伝承も途切れてしまって

いた。イースター島の原住民たちは、1862年に行われたペルー人による現地人に対する奴隷狩りと島外からもたらされた天然痘と結核によりほとんど全滅し、それとともに島の伝統も忘れ去られてしまっていたからである。

　ロンゴロンゴの読める島民はいなくなってしまった。知識の継承は断絶されたのである。そのため書かれた内容については、イースター島に伝わる伝統的な鳥人信仰に基づいた儀礼に関する記述、イースター島に伝わる42種の性的結合に関するもの、神話あるいは系図についてなど諸説あるが、文字の持つ基本的な機能である記憶装置の役割を果たしたこと以外はわかっていない。しかもそもそもロンゴロンゴ自体が、1770年にイースター島にやってきたスペイン人の使用していた文字（アルファベット）に島民たちがインスパイアされて創り出されたという説まであるくらいだ。もともと口承で伝えられてきていた内容を文字で記録しようとしたのは、比較的最近である可能性もあるのである。ただし文字の読み方が牛耕式（ブ

▲図11：木の板に刻まれたロンゴロンゴ

ーストロフェドン）であることはわかっている。しかも文章1行ごとに上下逆に180度回転させるというリバース・ブーストロフェドン（奇数行と偶数行は、上下が逆さまに記された）であったと考えられている。読み方も下から上に向って読み進められた。

　他にもヴィンチャ文字、ビブロス文字、ウラル絵文字、オルメカ文字など、世界中に未解読文字の存在が確認されている。これらの未解読文字は、エジプトのヒエログリフのように二言語併記の碑文史料（例えばロゼッタ・ストーン）を欠いていたり、後継の文字（例えばヒエログリフにとってのコプト文字）を有していなかったりしたことが原因で、解読への道と扉が閉ざされている場合が多い。長文で現存しているものが少ないのも大きな原因だ。短い文字列では解読は困難なのである。そもそもファイストスの円盤のように、現在確認されている遺物がたった1つしかない場合もあるのである。あるいはロンゴロンゴのように、そもそも文字ではない可能性を持つものすらある。しかし、たった1つのきっかけで、たった1つの新たな史料の発見で状況が一変することもあるのだ。そして何と言っても未解読文字の解読作業の魅力は、その研究方法が基本的に座学であり、現地に出掛けることがなくとも机上でできることにある。オルメカ文字の解読に挑む人物がメキシコに行く必然性はないし、ビブロス文字を解読するためにレバノンに赴く必要もないのだ。インターネットで簡単に情報にアクセス可能な昨今はなおさらである。誰もがそのレースに参加が許されているし、誰もがその謎に挑戦できるのだ。老若男女問わず参加できる未解読文字の解読は、最高の趣味と言えるかもしれない。

121

おわりに——文字と記憶

　我々日本人は極めて「文字」に卓越した国民である。平仮名、片仮名、漢字を同時に操り、携帯電話やスマートフォンの画面上で新たに誕生させた顔文字を巧みに使用する。文字は創造と消滅を繰り返す存在だ。ポケベル暗号もまたその一例であろう。DNAがほとんど変わらない人類とチンパンジーとの一番の違いは文字の創造であるという見解もあるほどだ。文字こそは人類が生み出した最高の発明品なのである。

　本書『図説古代文字入門』は、各分野の専門家たちが自らの研究に不可欠な古代文字について紹介したものだ。古代文字には地理的に広く分布しているものもあれば、地域の限定されているものもある。ある時期にのみ使用されていたものもあれば、数百年以上、ときには千年を超えて使用され続けていたものもあるのだ。す

でに使用されなくなった古代文字には、線文字Aのような未解読のものもあれば、古代エジプトのヒエログリフのように千数百年もの間忘れ去られていたにもかかわらず、200年前に解読に成功したものもある。

象形文字という言葉があるように、文字はもともとピクトグラム（何らかの意味を示す視覚記号）から発展したと考えられている。甲骨文字や楔形文字などはその典型だ。それゆえ芸術的要素を帯びているという印象を受けるものも多い。しかし文字はそもそも簡潔に物事を記録する手段として発展してきた。それゆえアルファベットは広く普及し、長く使用され続けているのだ。フェニキア人が東地中海沿岸から北アフリカ沿岸へとそのアルファベットの起源ともされる文字を伝えたのと同じように、ヴァイキングが北欧からイギリスへとルーン文字を伝え、北アフリカではトアレグ族がティフィナグ文字を拡散した。文字は常に人とともにあるものだとも言えよう。

言葉は人類がコミュニケーションに必要としたツールであった。文字も同じであるが、さらに文字はそれらを粘土板や石板、あるいはパピルスに記すことにより、情報を永遠に記憶させたのだ。声に出した言葉は記録しない限り残ることはない。ソクラテスの言葉も孔子の言葉も文字として記録されることなくしては意味を持たなかった。文字こそはすべてだ。

2018年春

大城道則

【主要参考文献・図版出典文献】

[はじめに]

大城道則『ピラミッド以前の古代エジプト文明——王権と文化の揺籃期』創元社　2009年
加藤一朗『象形文字入門』講談社学術文庫　2012年
D. Wengrow, *The Archaeology of Early Egypt: Social Transformations in North-East Africa, 1,000 to 2650 BC*, Cambridge, 2006.
T. A. H. Wilkinson, *Early Dynastic Egypt*, London, 1999.

[ヒエログリフ]

トビー・ウィルキンソン（大城道則監訳）『図説　古代エジプト文明辞典』柊風舎　2016年
ペネロペ・ウィルソン（森夏樹訳）『聖なる文字ヒエログリフ』青土社　2004年
大城道則「古代エジプト社会における教育について——知識ネットワークの核としての神殿」『社会科学』第74号　2005年　3-21頁
加藤一朗『象形文字入門』講談社学術文庫　2012年
フィリップ・アーダ（吉村作治監修、林啓恵訳）『ヒエログリフを書こう！』翔泳社　2000年
ジョン・レイ（田口未知訳）『ヒエログリフ解読史』原書房　2008年
J. P. Allen, *Middle Egyptian: An Introduction to the Language and Culture of Hieroglyphs*, Cambridge, 2000.
R. Parkinson, *Egyptian Hieroglyphs: How to Read and Write Ancient Egyptian*, London, 2003.
R. Parkinson and S. Quirke, *Papyrus*, London, 1995.
P. Wilson, *A Ptolemaic Lexikon: A Lexicographical Study of the Texts in the Temple of Edfu*, Leuven, 1997.

[楔形文字]

池田潤『楔形文字を書いてみよう　読んでみよう』白水社　2006年
C・B・F・ウォーカー（大城光正訳）『楔形文字』（大英博物館叢書）学藝書林　1995年
江上波夫『聖書伝説と粘土板文明』（沈黙の世界史1オリエント）新潮社　1970年
菊池徹夫編『文字の考古学I』（世界の考古学21）同成社　2003年
小林登志子『シュメル——人類最古の文明』中公新書　2005年
古代オリエント博物館・大阪府立弥生文化博物館編『世界の文字の物語——ユーラシア文字のかたち』古代オリエント博物館・大阪府立弥生文化博物館　2016年
杉勇『楔形文字入門』講談社学術文庫　2006年
筑波大学西アジア文明研究センター編『西アジア文明学への招待』悠書館　2014年
中田一郎訳『ハンムラビ「法典」』（古代オリエント資料集成1）リトン　1999年
前川和也編著『図説　メソポタミア文明』河出書房新社　2011年
B・リオン、C・ミシェル（中田一郎監修、渡井葉子訳）『楔形文字をよむ』山川出版社　2012年
矢島文夫総監訳『世界の文字大事典』朝倉書店　2013年（特に33-73, 90-112, 140-143頁）

[アナトリア象形文字]

大城光正、吉田和彦『印欧アナトリア諸語概説』大学書林　1990年
J.D. Hawkins, *Corpus of Hieroglyphic Luwian Inscriptions*, Vol.I, Walter de Gruyter, Berlin & New York, 2000.
Halet Çambel, *Corpus of Hieroglyphic Luwian Inscriptions*, Vol.II, Walter de Gruyter, Berlin & New York, 1999.

[線文字B]

サイモン・シン（青木薫訳）『暗号解読（上・下）』新潮文庫　2007年
J・チャドウィック（大城功訳）『線文字Bの解読』みすず書房　1962年
――（細井敦子訳）『線文字B——古代地中海の諸文字』學藝書林　1996年
M・バナール著（金井和子訳）『『黒いアテナ』批判に答える（上・下）』藤原書店、2012年
伊藤貞夫『古代ギリシアの歴史』講談社学術文庫　2004年
桜井万里子編『ギリシア史』山川出版社　2005年
周藤芳幸『古代ギリシア——地中海への展開』京都大学学術出版会　2006年
――『図説　ギリシア——エーゲ海文明の歴史を訪ねて』河出書房新社　1997年
E. L. Bennett and J. Olivier, *The Pylos Tablets Transcribed*, Roma, 1973.
Y. Duhoux and A. M. Davies (eds.), *A companion to Linear B: Mycenaean Greek Texts and their World*, Bondgenotenlaan, 2008.
Epigraphic Museum, *The Greek Script*, Athens, 2001.
Εθνικό Αρχαιολογικό Μουσείο, *ο Μυκηναϊκός Κόσμος - Πέντε Αιώνες Πρώιμου Ελληνικού Πολιτισμού 1600-1100 Π. Χ.*, Αθήνα, 1988.
T. J. Hooker, *Linear B : An Introduction*, Bristol, 1980.
L. R. Palmer, *The Interpretation of Mycenaean Greek Texts*, Oxford, 1963.
M. Ventris and J. Chadwick, *Documents in Mycenaean Greek*, Cambridge, 1973.

[フェニキア文字]

岡田泰介『東地中海のなかの古代ギリシア』山川出版社　2008年
栗田伸子、佐藤育子『通商国家カルタゴ』講談社学術文庫　2016年（単行本2006年）
谷川政美『フェニキア文字の碑文——アルファベットの起源』国際語学社　2001年
J・ナヴェー（津村俊夫他訳）『初期アルファベットの歴史』法政大学出版局　2000年
グレン・E・マーコウ（片山陽子訳）『フェニキア人』創元社　2007年
本村凌二、栗田伸子、佐藤育子監修『古代カルタゴとローマ展——きらめく地中海文明の至宝　図録』東映株式会社　2009～2010年
矢島文夫『解読　古代文字への挑戦』朝日選書　1980年
Giovanni Garbini, "The Question of the Alphabet", in Sabatino Moscati ed., *The Phoenicians*, New York, 1999.
Charles R. Krahmalkov, *A Phoenician-Punic Grammar*, Leiden, 2001.
Karel Jongeling, *Handbook of Neo-Punic Inscriptions*, Tübingen, 2008.

[エトルリア文字]

朝日新聞東京本社文化企画局編『エトルリア文明展——最新の発掘と研究による全体像』朝日新聞社　1990年
ジャン゠ポール・テュイリエ（松田廸子訳）『エトルリア文明——古代イタリアの支配者たち』（「知の再発見」双書）創元社　1994年
マッシモ・パロッティーノ他（青柳正規、大槻泉、新喜久子訳）『エトルリアの壁画』岩波書店　1985年
マッシモ・パロッティーノ（小川熙訳）『エトルリア学』同成社　2014年

平田隆一『エトルスキ国制の研究』南窓社　1982年
ドミニク・ブリケル（平田隆一監修、斎藤かぐみ訳）『エトルリア人　ローマへの先住民族　起源・文明・言語』白水社（文庫クセジュ）2009年
ラリッサ・ボンファンテ（小林標訳）『エトルリア語』（大英博物館双書）學藝書林　1996年
Bonfante, G. and L., *The Etruscan Language: An Introduction*, 2nd ed., Manchester, 2002
Turfa, J. M., ed., *The Etruscan World*, London, 2013

［メロエ文字］

鈴木八司『王と神とナイル』（沈黙の世界史2エジプト）新潮社　1970年
P・T・ダニエル、ウィリアム・ブライト編（矢島文夫総監訳）『世界の文字大事典』朝倉書店　2013年
R. Blench, *Archaeology, Language, and the African Past. African Archaeology Series 10*, ser. ed. Joseph O. Vogel. (Lanham, 2006)
F. L. Griffith, *Karanòg, The Meroitic, Inscriptions of Shablûl and Karanòg*. University of Pennsylvania E. B. Coxe Jr. Expedition to Nubia : Vol. VI. (Philadelphia, 1911a)
——, *Meroitic Inscriptions Part 1 Sôba to Dangêl* (London, 1911)
——, *Meroitic Inscriptions Part 2 Napata to Philae and Miscellaneous*. (Lodon, 1912)
J. Leclant, et al., *Répertoire d'épigraphie méroïtique: corpus des inscriptions publiées*, Vols. I, II, III, Académie des Inscriptions et Belles-Lettres. (Paris, 2000)
C. Rilly, "The Linguistic Position of Meroitic." Arkamani: Sudan *Electronic Journal of Archaeology and Anthropology* (March) (2004)
——, "Recent Research on Meroitic, the Ancient Language of Sudan", *ITYOPIS, Northeast African Journal of Social Sciences and Humanities* (Mekelle University, Ethiopie), Vol. I, : 10-24. (2011)
——, "Meroitic." in *UCLA encyclopedia of Egyptology*, W. Wendrich, J. Dieleman, E. Frood, and J. Baines eds. (Los Angeles, 2016)
C. Rilly, and Alex de Voogt, *The Meroitic Language and Writing System* (Cambridge, 2012)
K. Rowan, "Meroitic – An Afroasiatic Language?" *SOAS Working Papers in Linguistics* 14:169–206. (2006)
R. Smith, "Constructing Word Similarities in Meroitic as an Aid to Decipherment" *British Museum Studies in Ancient Egypt and Sudan* 12:1–10. (2009)
L. Török, *The Kingdom of Kush: Handbook of the Napatan-Meroitic civilization*, Handbuch der Orientalistik. Erste Abteilung, Nahe und der Mittlere Osten, (Leiden; New York, 1997)

［古代南アラビア文字］

蔀勇造「古代南アラビア文字」『言語学大辞典　別巻　世界文字辞典』三省堂　2001年　426-432頁
——「南セム文字」同上書　971-973頁
柘植洋一「古代南アラビア語」『言語学大辞典　第1巻　世界言語編（上）』三省堂　1988年　1714-1720頁
Calvet, Y. & Robin, Ch. (éds.), *Arabie heureuse, Arabie déserte. Les antiquités arabiques du Musée du Louvre*, Paris, 1997.
Günther, H. & Ludwig, O. (hrsg.), *Schrift und Schriftlichkeit* (*Writing and its Use*), 1 Halbband, Berlin, 1994.
Pirenne, J., *Paléographie des inscriptions sud-arabes*, tome 1: *Des origines jusqu'à l'époque himyarite*, Brussel, 1956.
Robin, Ch. (éd.), *L'Arabie antique de Karib'îl à Mahomet*, La Calade, 1991.
Ryckmans, J., "Les deux bâtonnets sud-arabes déchiffrés par Mahmoud Ghul", in A. Gingrich *et al*. (eds.), *Studies in Oriental Culture and History*, Frankfurt am Main, 1993, pp. 41-48.
Ryckmans, J., Müller, W. W. & Abdallah, Y.M., *Textes du Yémen antique inscrits sur bois*, Louvain-la-Neuve, 1994.
Yémen, au pays de la reine de Saba', Paris, 1997.

［ティフィナグ文字］

石原忠佳、新開正『ベルベル人とベルベル語文法──民族・文化・言語　知られざるベルベル人の全貌』（The Berbers and their Languages）新風舎　2006年
石原忠圭『ベルベル語とティフィナグ文字の基礎──タリーフィート語入門』春風社　2014年
——「ユネスコ　消滅危機言語──ベルベル語とティフィナグ文字の復権」『季刊アラブ』No. 149夏号　日本アラブ協会　2014年
——「ベルベル語」『ことば紀行』（リレーエッセイ　第30回）白水社　2017年
Chaker, Salem (1994). *Pour une notation usuelle à base Tifinagh*. Études et Documents Berbères 11. PP. 31–42
O'Connor, Michael (1996). The Berber scripts. *The World's Writing Systems*, ed. by William Bright and Peter Daniels, 112-116. New York: Oxford University Press
Pichler, Werner (2007). *Origin and Development of the Libyco-Berber Script. Berber Studies* 15. Köln. Rüdiger Köppe Verlag.
Rivaillé, Laurence (1993). *Contes et légendes touaregs du Niger: des hommes et des djinns*. KARTHALA Editions.
Savage, Andrew (2008). Writing Tuareg – The Three Script Options. *International Journal of the Sociology of Language* 192: 5-13
Thomas G Penchoen (1973). *Tamazight of the Ayt Ndhir*: Afroasiatic Dialects. Los Angeles: Undera Publications.

［ルーン文字］

小澤実「ゴート・ルネサンスとルーン学の成立　デンマークの事例」ヒロ・ヒライ・小澤実編『知のミクロコスモス　中世・ルネサンスのインテレクチュアル・ヒストリー』中央公論新社　2014年　69-97頁
谷口幸男「ルーネ文字研究序説」『広島大学文学部紀要』30（特輯1）1971年　1-137頁
ラルフ・W・V・エリオット（吉見昭徳訳）『ルーン文字の探究』春風社　2009年
レイ・ページ（菅原邦城訳）『ルーン文字』（大英博物館双書）學藝書林　1996年
ラーシュ・マーグナル・エーノクセン（荒川明久訳）『ルーンの教科書』アルマット　2012年
レジス・ボワイエ（熊野聰監訳、持田智子訳）『ヴァイキングの暮らしと文化』白水社　2001年
Michael P. Barnes, *Runes. A Handbook*, Woodbridge: Boydell, 2012.
Klaus Düwel, *Runenkunde* (Sammlung Metzler, Bd. 72), 4., überarbeitete und aktualisierte Aufl, Stuttgart: Metzler, 2008.
Oskar Bandle (ed.), *The Nordic Languages: An International Handbook of the History of the North Germanic Languages* (Handbücher zur Sprach- und Kommunikationswissenschaft, Bd. 22.1-22.2), Berlin: Walter de Gruyter, 2002.
Birgit Sawyer, *The Viking-Age Rune-Stones: Custom and Commemoration in Early Medieval Scandinavia*, Oxford: Oxford UP, 2000.

Judith Jesch, *Ships and Men in the Late Viking Age: the Vocabulary of Runic Inscriptions and Skaldic Verse*, Woodbridge: Boydell Press, 2001.

[ブラーフミー文字]

赤松明彦「インドの文字」『文字をよむ』(池田紘一・今西祐一郎編) 九州大学出版会　2002年　129-144頁
種智院大学密教学会編『新　梵字大鑑』(上・下) 法藏館　2015年
世界の文字研究会編『世界の文字の図典』吉川弘文館　1993年
田中敏雄「インド系文字の発展」『世界の文字(講座　言語　第5巻)』(西田龍雄編)　大修館書店　1981年　183-210頁
東京外国語大学アジア・アフリカ言語文化研究所編『図説　アジア文字入門』河出書房新社　2005年
町田和彦編著『華麗なるインド系文字』白水社　2001年
Bühler, G. 1959 *Indian Paleography*. Calcutta: Indian Studies: Past & Present.
Dani, Ahmad Hasan. 1963 *Indian Palaeography*. Oxford: Clarendon Press.
Ojha, Pandit Gaurishankar Hirachand. 1959 (1918) *The Palaeography of India (Bhāratīya Prācīna Lipimālā)*. Delhi: Munshiram Manoharlal.
Salomon, Richard. 1998 *Indian Epigraphy: A Guide to the Study of Inscriptions in Sanskrit, Prakrit, and the Other Indo-Aryan Languages*. New Delhi: Munshiram Manoharlal.
── 1999 *Ancietn Buddhist Scrolls from Gandhāra: The British Library Kharoṣṭhī Fragments*. Seattle: University of Washington Press.

[甲骨文]

貝塚茂樹編『古代殷帝国』みすず書房　1957年
郭沫若主編『甲骨文合集』中華書局　1977-82年
白川静『殷・甲骨文集』(書跡名品叢刊　第三集) 二玄社　1963年
石璋如「小屯　遺址的発見与発掘：丁編　甲骨坑層之二」(中国考古報告集之二、河南安陽殷虚遺址之一) 中央研究院歴史語言研究所　1992年
曹瑋編著『周原甲骨文』世界図書出版公司　2002年
中国社会科学院考古研究所『安陽殷墟花園荘東地商代墓葬』科学出版社
松丸道雄2003「第二章　殷」松丸道雄ほか編『中国史1 ── 先史～後漢』(世界歴史大系) 山川出版社　2003年
松丸道雄『甲骨文の話』大修館書店　2017年
松丸道雄、高嶋謙一編『甲骨文字字釈綜覧』東京大学出版会　1994年
松丸道雄ほか『甲骨文・金文』(中国法書選1・中国法書ガイド1) 二玄社　1990年
梁思永稿・高去尋輯補『侯家荘　一○○四号大墓』(中国考古報告集之三、河南安陽侯家荘殷代墓地　第五本) 中央研究院歴史語言研究所　1970年

[マヤ文字]

青山和夫『マヤ文明　密林に栄えた石器文化』岩波新書　2012年
──『古代マヤ　石器の都市文明　増補版』京都大学学術出版会　2013年
──『マヤ文明を知る事典』東京堂出版　2015年
八杉佳穂『マヤ文字を解く』中公文庫　2003年
八杉佳穂編『マヤ学を学ぶ人のために』世界思想社　2004年
Coe, Michael D. 2012 *Breaking the Maya Code*. Third edition. Thames and Hudson, New York. (第2版の邦訳は『マヤ文字解読』武井摩利・徳江佐和子訳、創元社、2003年)
Coe, Michael D. and Stephen D. Houston 2015 *The Maya*. Ninth edition. Thames and Hudson, London. (第6版の邦訳は『古代マヤ文明』加藤泰建・長谷川悦夫訳、創元社、2003年)
Coe, Michael D. and Mark Van Stone 2005 *Reading the Maya Glyphs*. Second edition. (『マヤ文字解読辞典』武井摩利訳、創元社、2007年)
Martin, Simon and Nikolai Grube 2008 *Chronicle of the Maya Kings and Queens: Deciphering the Dynasties of the Ancient Maya*. Second edition. Thames and Hudson, London. (初版の邦訳は『古代マヤ王歴代誌』長谷川悦夫他訳、創元社、2002年)
Sabloff, Jeremy 1994 *The New Archaeology and the Ancient Maya*. W. H. Freeman, New York. (『新しい考古学と古代マヤ文明』青山和夫訳、新評論、1998年)
Stuart, David 2011 *The Order of Days: The Maya World and the Truth about 2012*. Harmony Books, New York.
Thompson, J. Eric S. 1966 *The Rise and Fall of Maya Civilization*. Second edition. University of Oklahoma Press, Norman. (『マヤ文明の興亡』青山和夫訳、新評論、2008年)

[未解読文字の世界]

トビー・ウィルキンソン(大城道則監訳)『図説　古代エジプト文明辞典』柊風舎　2016年
長田俊樹『インダス文明の謎──古代文明神話を見直す』京都大学学術出版会　2013年
アルベルティーヌ・ガウアー(矢島文夫、大城光正訳)『文字の歴史──起源から現代まで』原書房　1987年
菊池徹夫編『文字の考古学I』同成社　2003年
──『文字の考古学II』同成社　2004年
アンヌ＝マリー・クリスタン編(澤田治美日本語版監修)『世界の文字の歴史文化図鑑──ヒエログリフからマルチメディアまで』柊風舎　2012年
スティーヴン・ロジャー・フィッシャー(鈴木晶訳)『文字の歴史──ヒエログリフから未来の「世界文字」まで』研究社　2005年
モーリス・ポープ(唐須教光訳)『古代文字の世界──エジプト象形文字から線文字Bまで』講談社学術文庫　1995年
矢島文夫『解読　古代文字』ちくま学芸文庫　1999年
アンドルー・ロビンソン(片山陽子訳)『図説　文字の起源と歴史──ヒエログリフ・アルファベット・漢字』創元社　2006年
M. Andreadaki-Vlazaki, G. Rethemiotakis, N. Dimopoulou-Rethemiotaki eds., *From the Land of the Labyrinth: Minoan Crete, 3000-1100 B.C.*, New York, 2008.
J. C. Darnell., *Theban Desert Road Survey in the Egyptian Western Desert Vol.1: Gebel Tjauti Rock Inscriptions 1-45, Wadi el-Hôl Rock Inscriptions 1-45*, Chicago, 2002.
J. C. Darnell et al, Two Early Alphabetic Inscriptions from the Wadi el-hôl: New Evidence for the Origin of the Alphabet from the Western Desert of Egypt, in M. S. Chesson, C. Makarewicz, I. Kuijt and C. Whiting et al. (eds.), *Results of 2001 Kerak Plateau Early Bronze Age Survey*, Boston, 2005, pp.63-124.
S. Houston ed., *The First Writing: Script Invention as History and Process*, Cambridge, 2004.
J. B. Pritchard ed., *The Ancient Near East vol.I: An Anthology of Texts and Pictures*, Princeton, 1958.
A. Robinson, *The Story of Writing: Alphabets, Hieroglyphs & Pictograms* New Edition, London, 2007.
R. Stone-Miller, *Art of the Andes: From Chavín to Inca*, London, 2002.

執筆者略歴（掲載順）

［ヒエログリフ・未解読文字の世界］大城道則（おおしろ・みちのり）
次頁参照。

［楔形文字］山田重郎（やまだ・しげお）
1959年生まれ。筑波大学人文社会系教授。専攻はアッシリア学（楔形文字学）。主な著書に *The Construction of the Assyrian Empire*（単著）; *The Inscriptions of Tiglath-pileser III (744-727 BC) and Shalmaneser V (726-722 BC), Kings of Assyria*（H. Tadmorと共著）などがある。

［アナトリア象形文字］髙橋秀樹（たかはし・ひでき）
新潟大学人文社会・教育科学系教授。専攻は西洋古代史、西洋古典学、神話学。主な著書に『アルカイック期アテナイと党争』『神話から見た古代東地中海沿岸の文化交流』などがある。

［線文字B］平野みか（ひらの・みか）
1992年生まれ。名古屋大学大学院人文学研究科人文学専攻西洋史学専攻。専攻はミケーネ文明史。主な論文に「オリーブ油とブドウ酒から見たミケーネ初期のエジプトとの交流」「前2千年紀におけるエジプトとミケーネの文化交流——円形墓域Aの黄金製品を例として」がある。

［フェニキア文字］青木真兵（あおき・しんぺい）
1983年生まれ。神戸山手大学非常勤講師。専攻は古代地中海史（フェニキア・カルタゴ）。主な論文に「元首政初期、レプキス・マグナの『ローマ化』」「サルデーニャ島のフェニキア人と『ローマ化』」などがある。

［エトルリア文字］比佐篤（ひさ・あつし）
1972年生まれ。関西大学文学部非常勤講師。専攻は古代ローマ史。主な著書に『「帝国」としての中期共和政ローマ』がある。

［メロエ文字］山下真里亜（やました まりあ）
駒澤大学大学院人文科学研究科歴史学専攻（西洋史コース）博士後期課程。専攻は古代エジプト史。論文に「『クシュ系』第25王朝における王権と女性」がある。

［古代南アラビア文字］蔀勇造（しとみ・ゆうぞう）
1946年生まれ。東京大学名誉教授。専攻はアラビア・エチオピア古代史、古代インド洋交易史。主な著書に『シェバの女王』『エリュトラー海案内記』（訳註）などがある。

［ティフィナグ文字］石原忠佳（いしはら・ただよし）
創価大学文学部教授。専攻はベルベル語、アラビア語方言学。主な著書に『ベルベル人とベルベル語文法』『ベルベル語とティフィナグ文字の基礎』などがある。

［ルーン文字］小澤実（おざわ・みのる）
1973年生まれ。立教大学文学部教授。専攻は北欧史・西洋中世史。主な編著に『近代日本の偽史言説』『北西ユーラシアの歴史空間』などがある。

［ブラーフミー文字］森雅秀（もり・まさひで）
1962年生まれ。金沢大学人間社会研究域教授。専攻は仏教学・比較文化史。主な著書に『エロスとグロテスクの仏教美術』『密教美術の図像学』などがある。

［甲骨文］角道亮介（かくどう・りょうすけ）
1982年生まれ。駒澤大学文学部准教授。専攻は中国考古学。著書に『西周王朝とその青銅器』、共著に『地下からの贈り物——新出資料が語るいにしえの中国』などがある。

［マヤ文字］青山和夫（あおやま・かずお）
1962年生まれ。茨城大学人文社会科学部教授。専攻はマヤ文明学・文化人類学。主な著書に『マヤ文明』『マヤ文明を知る事典』などがある。

地図製作：小野寺美恵

● 編著者略歴

大城道則（おおしろ・みちのり）
一九六八年、兵庫県生まれ。関西大学大学院文学研究科史学専攻博士課程後期課程修了。現在、駒澤大学文学部教授。専攻は古代エジプト史。著書に『ピラミッド以前の古代エジプト文明』（創元社）、『ピラミッドへの道』『古代エジプト文明』（講談社選書メチエ）、『ツタンカーメン――悲劇の少年王』の知られざる実像』（中公新書）、『図説ピラミッドの歴史』『古代エジプト 死者からの声――ナイルに培われたその死生観』（小社刊）など。共著に『歴史の謎は透視技術「ミュオグラフィ」で解ける――歴史学を変える科学的アプローチ』（PHP新書、『ミュオグラフィ――ピラミッドの謎を解く21世紀の鍵』（丸善出版）などがある。

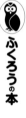

ふくろうの本

図説　古代文字入門

編著者‥‥‥‥大城道則
装幀・デザイン‥‥‥‥日高達雄
発行者‥‥‥‥小野寺優
発行‥‥‥‥河出書房新社
東京都渋谷区千駄ヶ谷二-三二-二
電話　〇三-三四〇四-一二〇一（営業）
　　　〇三-三四〇四-八六一一（編集）
http://www.kawade.co.jp/

印刷‥‥‥‥大日本印刷株式会社
製本‥‥‥‥加藤製本株式会社

Printed in Japan
ISBN978-4-309-76270-8

落丁・乱丁本はお取替えいたします。
本書のコピー、スキャン、デジタル化等の無断複製は著作権法上での例外を除き禁じられています。本書を代行業者等の第三者に依頼してスキャンやデジタル化することは、いかなる場合も著作権法違反となります。

二〇一八年　五月二〇日初版印刷
二〇一八年　五月三〇日初版発行